社長、
その事業承継の
プランでは、
会社がつぶれます

the bible
of peaceful
business succession

「条文ゼロ」でわかる
代替わりと相続

弁護士
島田直行

プレジデント社

はじめに

事務所から少し車を走らせると、壇ノ浦《だんのうら》の古戦場が眼前に広がってくる。栄華を誇った平家《へいけ》は、この地で波の間に消えていった。当時と変わらぬ白波が語るのは、繁栄も衰退も紙一重であるということだ。経営にしても然《しか》り。企業の将来を決定づけるのは、事業承継の成否に他ならない。経営者であれば、自社が時代を超えて繁栄し続けることを願う。しかし、人の一生には限りがある。だからこそ、築き上げてきた事業を承継させるプロセスが不可欠になる。この事業承継の要諦を、私の経験に基づいて体系化したのが本書である。

本書の特徴を一言で述べれば、〝現実直視〟だ。リアルなものは、ときに直視するのが辛い。たとえば、事業承継における〝親族間の確執〟といった内容も含まれている。その意味では、経営者の〝覚悟〟を問う一冊だ。本書の目的は「いかにして後継者を経営者にするか」の一点に尽きる。それこそが中小企業の事業承継の本質でなければならない。

ここで、本書を執筆するうえで留意したことをお伝えしておく。

まず、オーナー企業を前提に、当事者の心理にまで踏み込んで考察している。事業承継の現場では、親族であっても立場の相違から心理的な対立が生じやすい。相手の心理についての理解がないまま動きだすと、かえって対立を深め、修復不能な状態になってしまう。それゆえ、事業承継の戦略を描く前に、当事者の心理を把握しておくことが必要だ。

次に、会社のみならず、経営者の家族も含めた事業承継対策を提案している。経営者が願うのは、会社と家族の双方の将来における繁栄だ。だからこそ、事業承継も双方のバランスを考慮したうえで対策を練る必要がある。

さらに、事業承継を〝点〟ではなく、経営者の人生に基づく、〝ひとつの物語〟と捉えている。個別の対策は、経営者の人生のなかに位置づけられてこそ意義を有する。そこで、「老後の生活費をいかに確保するか」「自社株を保有したまま認知症になった場合、どのようになるのか」といった、これまであまり語られなかった部分についても触れている。

本書では、空理空論ではない中小企業の現実をお伝えするため、実例を多く掲載した。いずれも弁護士としての守秘義務があるため、業種・規模などは適宜変更している。

経営者にとって、「事業承継こそ最大の事業」と言っても過言ではない。本書を読んで、事業承継を通じた自社発展の戦略を自ら構築していただきたい。すべてはあなた次第だ。

2021年3月吉日

島田直行

〈事業承継における相関図〉

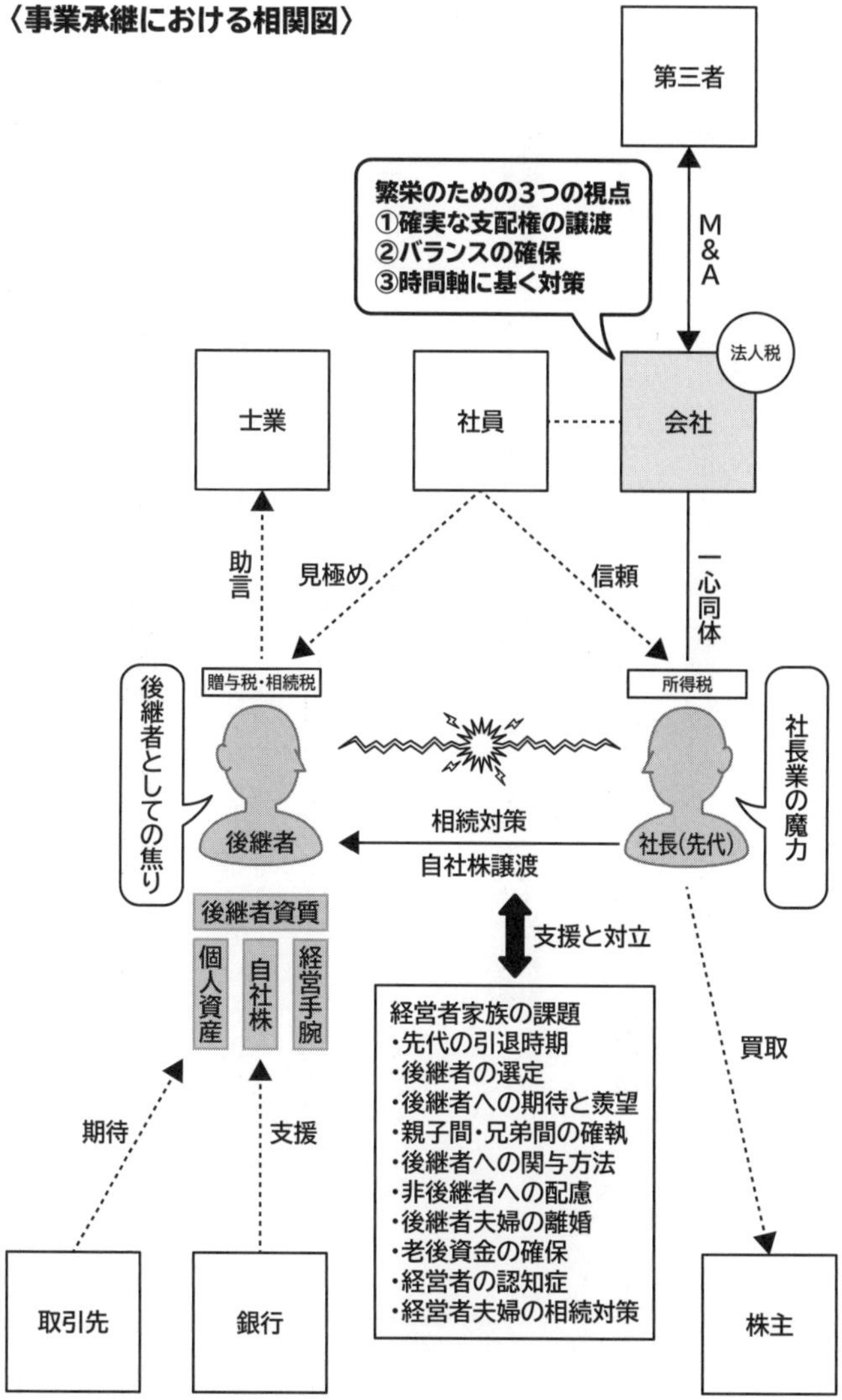

第3章 トラブルを招かない自社株譲渡の方法

第4章 事業承継は、いつか自分が介護される姿をイメージして考える

第5章 「事業承継」の視点から見た、経営者の相続対策

第6章 事業承継の選択肢としてのM&Aに見る、経営者の思い

＊本書における法的根拠などは、いずれも本書作成当時の法令などに基づいています。

第1章

事業承継に見る、企業の繁栄と衰退の分岐点

目の前にふたつの道がある。拡大か、あるいは継続か。多くのオーナー社長は、短期的な事業の拡大よりも、長期的な事業の継続を選択する。自ら築き上げた事業と家族が末代まで繁栄することこそが、切なる願いだ。

さりとて、企業を取り巻く経営環境は、決して平穏ではない。後継者不在による廃業、労働力人口減少による採用難、さらには新型コロナと、世界の不確実性は日々増している。先行き不透明ななか、時代を超えて自社を成長させていくには、次の世代へ向けた事業承継を確実に果たすことが求められる。**事業承継こそが、オーナー社長にとって最大の事業であると言っても過言ではない。**事業承継を契機に、後継者の下でビジネスモデルを変え、飛躍した企業がある。逆に、後継者に経営手腕がないばかりに、倒産した会社もある。**繁栄と衰退の分岐点は、「いかに真摯《しんし》に事業承継に向き合うことができるか」に尽きる。**

それにもかかわらず、「いつかやる」と口では言いつつ、子どもを自社に呼び戻すことで満足している社長が少なくない。あるいは、事業承継を単なる節税対策としか捉えていない社長もいる。こういった社長は、自身の中途半端な姿勢が、自社と家族を危険にさらしていることに気がつくべきだ。

本章ではまず、オーナー企業における事業承継の悲劇について俯瞰《ふかん》していく。企業の衰退は、ある日いきなり訪れるものではない。時間をかけてゆっくりと進行し、気がついたときには後戻りできない状況になっている。たったひとつの判断ミスが、自社の経営を悪化させ、社長の家族関係にも修復不可能な軋轢《あつれき》を生み出してしまう。**オーナー企業における事業承継の目的とは、事業を維持することだけではない。家族の平穏を守ることでもある。**いくつかの悲劇的な事例を見たうえで、社長が押さえるべき視点を解説していく。

次に、事業継承を体系立てて理解していただくためのコアとなる視点を、個別の手法を学ぶ前に押さえていただく。個々の手法は、全体の体系のなかでの位置づけがあってこそ、意味がある。場当たり的な対策をいくら積み上げても、意味がない。全体としての整合性がとれていなければ、「木を見て森を見ず」ということになりかねない。**キーワードは「支配」「バランス」「時間軸」である。**

本章の最後では、あらゆる社長が抱えている葛藤について検討する。**社長は「辞めたい。されど辞められない」という葛藤に苦しめられる。事業承継とは、この葛藤を乗り越えていくプロセスに他ならない。**一般的な事業承継の対策本で書かれているのは、「自社株対策」といった個別の対策が中心で、社長の心理にあまり踏み込んでいない。だが、心理の理解なくして事業承継が実現するとは、到底考えられない。本書の特徴を挙げるとすれば、私の経験から学んだ「社長のリアルな心理を基礎にしている」という点だ。リアルな事例はときに目を覆いたくなるものだ。だが、刮目《かつもく》してこそ見えてくる真実が、そこにはある。

1 わずかな感情のもつれによって、音もなく壊れていく会社と家族

~オーナー企業では、事業承継は会社だけでなく、家族の問題である~

社長の妻からのメール

「なぜ、こんなことになってしまったのでしょう」というメールが、あるクライアントの社長の妻から送られてきたことがある。意外かもしれないが、事業承継についての悩みは、先代の妻から寄せられることが少なくない。社長の妻であると同時に、後継者の母親として、ときに板挟みになってしまう。

この会社は、老舗のメーカーであり、長男を後継者として自社に勤務させていた。長男は、後継者であることを自覚し、熱心に事業に邁進《まいしん》してきたものの、肩書きはいつまでも専務のままだった。「いいかげん、社長の椅子を明け渡してほしい」と願い、幾度となく話

を父親に向けたものの、まじめに取り扱ってくれない。むしろ社長は新しいプロジェクトに熱心で、「事業承継のことなど、露《つゆ》知らず」という雰囲気だった。

ある日、後継者である長男は、社員の労働環境の改善を社長に直談判した。長男は、他の社員から不満を聞いていたので、「社員のために会社を変えなければ」という義憤に駆られての行動だった。これに対して、社長は「でしゃばるな」と一蹴した。すると、これまで耐えてきた長男の感情が一気にあふれて、社長との感情的な対立になってしまった。そこであわてた妻からの冒頭のメールとなったのである。

オーナー企業において、こういった先代と後継者の対立は珍しいことではない。いずれも「この会社をよりよくしたい」というゴールは同じであるものの、目指し方の相違から、対立関係に陥ってしまう。「親子だから、話せばわかる」というのは幻想だ。**親子であるがゆえに、本音で語ってしまって、対立が生まれる。**事業承継は、制度的な側面のみならず、親子間における感情的な側面からもアプローチしなければ、机上の空論で終わってしまう。

この事案で長男の心が折れてしまったのは、結果として「社員から裏切られた」と感じたからだ。長男は「これは社員からの要望です」と社長に詰め寄った。人は「誰かのため」という大義名分があるときほど、強くなれる。長男の生意気な発言に怒り心頭の社長は、

「それなら社員に直接聞いてみる。間違っていたら責任をとれ」と凄《すご》んだ。社員は、長男の期待とは裏腹に、「そんなことは言っていない」と社長に語った。長男は、まさにはしごを外された格好になってしまった。

後継者が「社員のために」と尽力して、逆に社員に裏切られてしまうことは散見される。後継者はあまりにも純粋すぎて、「人は自分のことが何より大事なもの」ということを忘れている。先代と後継者の決定的な相違は、実績の有無だ。

後継者からすれば、先代の経営方法は時代錯誤的で、改善の余地が多々あるように見える。「自分が社長になれば、もっとうまくできるのに」という声を何度も聞いてきた。**だが、人は理想より実績を尊重する。社員は自分の暮らしがあるため、理念で語る後継者よりも、実績で語る社長を尊重せざるを得ない。**前述のケースで、日和見《ひよりみ》的な社員の姿勢を批判することは容易であるが、後継者である長男は、人間心理の機微がわかっていない。むしろ人間心理への配慮がないまま、「理想だけで経営ができる」と考えることが愚かだ。

父である社長から罵倒《ばとう》され、社員から裏切られた長男は、会社での立場を失い、辞表を出した。社長は、父親としての本音はどうであれ、ひとりの社員から辞表が出たものとして受け取った。社長の妻は、両者に冷静な判断を促したが、無駄であった。双方が意地の張り合いのようなかたちになってしまって、収拾がつかなくなった。長男はそのまま家族を連れて、引っ越しをしていった。同時に、社長とは家族としてのつきあいも一切拒否するようになった。

わずかばかりの感情のもつれが、あまりにも大きな代償を支払うことになってしまった。**オーナー企業では、事業承継の失敗が単に事業に影響するのみならず、家族のあり方にまで影響する。**ここにオーナー企業の特徴がある。

株式会社においては、「所有と経営の分離」が原則である。会社経営については、「会社の所有者ではなく、経営手腕がある者に任せることが合理的」という価値判断からだ。**されどオーナー企業では、「社長による自社株保有」という事実を通じて、所有と経営が一致している。**

このように、原則と例外が逆転したのは、日本における会社の成立プロセスが影響していると考えられる。

日本では、創業者が「個人事業主」という形式で事業を開始するケースが多い。個人で始め、家族に支えられながら、少しずつ事業規模を拡大し、資産を形成していく。ある程度の規模になったときに、会社設立ということになる。個人が、家族をはじめとした周囲

図表1　オーナー企業における事業と家庭の関係

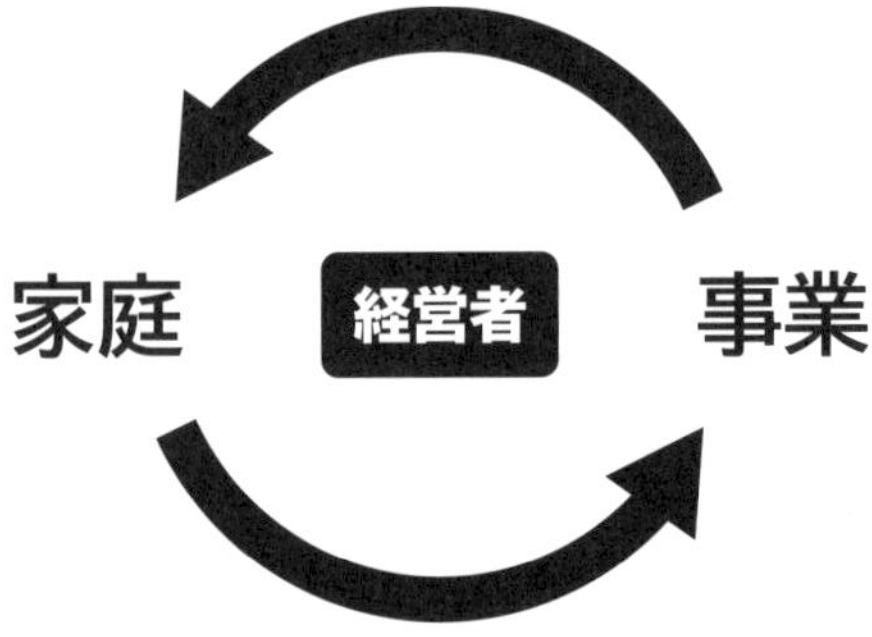

相互に影響し合うことで成長をしていくことになる

の者を巻き込みながら、法人になっていくようなものだ。

そのため、オーナー企業では、本質的な部分が個人経営のままということになる。社長のなかには、個人商店としての性格を払拭《ふっしょく》して、会社を自立的な組織に変えていこうとする方もいる。もっとも、企業の本質的な部分を変えることになるため、簡単にはいかない。

　オーナー社長は、自社株を保有しているがゆえに、自社を支配し、自由に動かすことができる。同時に家族に支えられているからこそ、安心して自社株についての権利を行使し、経営に邁進することができる。**事業と家庭は、社長を通じて相互に影響しあう関係になる(図表1)。**家庭の安定があってこそ、社長として事業に集中することができる。

逆に事業に課題を抱えると、家庭内で不協和を導きやすい。これは事業承継において、とくに顕著である。事業目線で節税対策を練ったところで、家族間の軋轢を生んでしまえば、たちまち経営が立ち行かなくなる。

事業承継とは、会社と家族の双方を見据えたダイナミックなものであることを肝に銘じていただきたい。しかも、会社も家族もガラスのように繊細なものである。社長のわずかな判断ミスが、すべてを壊すことを肝に銘じていただきたい。

最大のリスクは、社長であり続けること

衰退とは、ある日いきなりやってくるものではない。時間をかけて少しずつ進行するものだ。だからこそ、衰退を認識できたときには、〝もはや打つ手なし〟ということになる。

事業承継における失敗も同じだ。社長の体力や判断力は、年齢とともに衰えてくる。本人としては、衰えを否定し、事業に邁進しようとしても、自然の摂理に逆らうことはできない。気がつけば、何も対策をしないまま、最後の瞬間を迎えたということになりかねない。

オーナー企業の事業承継における最大のリスクは、今の社長が社長であり続けることに

他ならない。いかに優秀な社長であっても同様だ。「生涯現役。死ぬまで社長」と声高らかに語る社長の横で、肩身の狭そうな後継者を見かけることがある。

社長が80代で、後継者が専務のままで50代というのは、後継者があまりにも不憫《ふびん》だ。後継者が社長になったときには、すぐに次の世代にバトンタッチということにもなりかねない。新社長の唯一の功績が事業承継というのは、笑えない話だ。これでは時代に合わせた経営などできるはずがない。同一人物が社長であり続けることの弊害をもう少し考えてみよう。

①環境の変化に対応できなくなる

社長の役割は、変化する環境に合わせて自社を変えていくことだ。経営環境は日々変化している。市場から求められる商品・サービス、売り方、そして働き方すら変化している。社長は、環境への感受性を磨き、かつ変化に向けた決定を迅速に展開する必要がある。このような時代における現状維持は、衰退と同義である。

されど、年齢を重ねると、次第に「変えていく」ことに消極的になる。経営が守り一辺倒になってしまいがちだ。典型的なのは、本来の事業よりも財テクや節税対策など資産を守ることばかりに意識を向けるようになるケースだ。
経営は「攻めと守り」の両輪で成り立つものだ。ひたすら守るだけでは事業にならない。
こういった社長の消極的な姿勢は、次第に会社全体に広がり、「社長に何を言っても無駄」「とりあえず自分が退職するまでは、このままでいい」という社員のモチベーション低下にもつながってくる。

後継者にとって、こういった状況は歯がゆくて仕方がない。**とくに社員のモチベーション低下は、後継者にとっても喫緊《きっきん》の課題に映る。**後継者からは「新しいことを始めるにしても、社員が冷めている。改革しようにも、社員が従前のやり方に固執する」という声が多く寄せられている。こういった状況になるのは、社長の消極的姿勢が自《おの》ずと社員に伝わっているからだ。

このような現状維持の傾向は、過去に成功体験を持った社長ほど強い。**成功体験はあくまで過去の出来事であって、将来の繁栄を約束するものではない。**不確定要素の多い現在では、なおさらだ。それにもかかわらず、社長は自己の成功体験に執着し、「同じようにすれば、成功を再現することができる」と妄信しがちだ。過去の延長に未来があるわけではない。しかし、その事実を受け入れることができない。

②社長を取り巻く人々がイエスマンばかりになる

帝王学の名著に、中国の唐代の皇帝である太宗《たいそう》の言動をまとめた『貞観政要《じょうがんせいよう》』がある。事業承継について語るときに挙げられることが多い本だ。そのなかで一貫して語られることは、**トップが「諫言《かんげん》を素直に聞き入れる」ことの重要性である。**これは事業経営においても同じだ。

中小企業においては、ワンマン経営こそ正しい経営である。ワンマン経営であるからこそ、迅速な意思決定をすることができ、大企業にも挑むことができる。もっとも、適切なワンマン経営が成立するには、社長が自分にとって耳に痛い諫言を積極的に受け入れる姿勢が必要である。

意見を広く集め、ひとりで決める。これこそ、あるべきワンマン経営である。自分の意見に合わないものを排斥するだけでは、客観的で合理的な意思決定ができない。しかも気がつけば、周囲をイエスマンばかりで固めてしまい、事実をありのまま見ることができなくなってしまう。

ある後継者は、役員会で自社の経営方針の問題点を指摘した。指摘した内容はもっともなもので、役員としてあるべき意見だった。だが、これに賛同するような意見が、他の役員からは一切出てこなかった。むしろ役員会で自分の面子《めんつ》を潰《つぶ》されたと感じた社長は、後継者を左遷してしまった。

役員としての責任を果たした者が左遷され、何も意見しなかった者が優遇される。**現実とは、矛盾に満ちた世界である。**しかし、このときの他の役員を非難することはできない。役員にも自分の生活がある。社長の機嫌を損ねてしまえば、居場所を失うかもしれない。「彼は後継者だからいい。社長から反発を受けても、いつかは戻れる。それに比べて、自分にはあとがない」と感じれば、誰しもコトナカレ主義になってしまうだろう。結果的に誰も諫言できなくなり、社長は間違った自信をさらに深めることになる。

③後継者の成長の機会が奪われる

とりあえず後継者を就職先から呼び戻したからひと安心、という社長もいる。しかし、「後継者が自社にいる」というのは、あくまで事業承継のスタート地点に立ったにすぎない。事業承継の中核になるのは、後継者の経営手腕の育成である。いかなる有形資産を残したとしても、後継者に経営手腕がなければ、資産を失うだけで終わってしまう。

経営手腕は、実際に自ら社長になって失敗を経験しなければ、磨かれない。いくら社長の傍《そば》で経営を眺めていたとしても、知識が増えるだけで、経営手腕が磨かれることはない。しかも社員が、後継者をいつまでも「次の社長」として認めるようにならない。後継者に意見を求めることなく、先代の顔ばかり立てることになりかねない。

ある食品会社では、後継者が社長になった後も、社員が社長を飛び越えて前社長だった会長に相談するような状況であった。会長としても、相談されればやはりうれしいものである。しかし、これではいつまでたっても、後継者は社長になれない。あたりまえのことであるが、後継者がひとりの社長になるまでには、時間を要する。**先代が社長であり続けることは、後継者の成長の機会を奪ってしまうことになる。**

「後継者は未熟。だからこそ早く地位を与える」という発想こそ、社長は抱くべきだ。地位も与えず、「ただ学べ」というのでは、後継者としても、何を学べばいいのかすらわからない。

追い詰められる後継者

「経営を誰に任せるか」というのは、悩ましい問題だ。「今いる社員のなかから後継者を選択したい」という社長もいるが、実際には容易でない。

社員の多くは、自社株を購入できるだけの資力を用意できない。金融機関としても、簡単には社員に自社株購入の資金を貸し付けることはできない。しかも、社員のなかから後継者を選択すると、他の社員から反発を受ける。その後継者が、客観的に見れば才能がある人であっても、他の社員からすれば、「なぜあいつが」という妬《ねた》みの対象になる。

これが身内であれば、「社長の子だから」ということで、社員としてもあきらめがつきやすい。**ときに「血は才覚よりも強い」**。その意味では、やはり自分の子を後継者に据え置くことが現実的な解決策であろう。

自分の子に引き継がせる前に、中継ぎとして社員を社長に据え置く場合は、くれぐれも「誰を社長にするか」を慎重に見定めるべきだ。

あるメーカーでは、先代が信頼していたベテラン社員を中継ぎの社長にした。先代としても、その社員に花道を用意してあげたかったのであろう。問題は、先代が急逝してしまったことだ。これによって、経営を託されたベテラン社員は「自分の会社」という意識が高くなり、本命の後継者を冷たくあしらい、排斥すら試みる事態になってしまった。**社長職を誰かに任せるときには、人は豹変《ひょうへん》することを覚悟しなければならない。**

オーナー企業では、社長の子が後継者になるケースが圧倒的に多い。事業承継における悩みは、とかく譲り渡す側である先代の悩みとして語られる。しかし、**実際には、以下のような事柄について、先代よりも後継者が精神的に追い詰められることが少なくない。**

①社員との関係

とくに悩むのが社員との関係である。先代は、自分の子といえども、ひとりの社員として自社に迎え入れることから始める。したがって、社内では、他の社員の手前もあって、「社長」と呼ばせる。後継者としても、「平社員から経験を積み上げて、社員からの信頼を獲得していこう」という気持ちになる。

もっとも、他の社員からすれば、立場は自分たちと同じ社員といえども、社長の子であり、必然的に「他の新入社員とまったく同じ視点で」ということにはならない。**後継者は、何をしても「社長の子だから」という目線で見られてしまう。**成功すれば親の威光、失敗すれば本人の能力。それが後継者へ向けられた視線だ。

後継者は、社員から信頼を得るために「社員のために」と言って、社長に直談判をすることがある。よくあるのが、労働環境の改善を求めるものだ。「残業が多すぎる」「有給を取りにくい」という現場の社員の声を聞けば、後継者としても「自分を信頼しての声だ。なんとかしなければ」という気持ちになる。とくに採用難の現状においては、労働環境の改善は企業として避けて通れないものであろう。

もっとも、社長にとって、こういった後継者の声は理想論で現実を知らない空虚な声に聞こえて仕方ない。「社員は、残業代を求めている。法律論だけで語れるほど、経営は易しいものではない。社員から不満が出ているというなら、そいつを連れてこい」などと、自分の感覚に基づく反論を後継者にしてしまう。

社員は、会社での立場を守るために、どうしても社長の顔色をうかがってしまう。後継者としては、「社員のために」と努力したのにもかかわらず、評価されないばかりか、ひとりで舞い上がっているだけのようになってしまう。しかも、ベテランの社員からは「まだ若いから」と嘲笑《ちょうしょう》されることすらある。これでは後継者として、やりきれない。

②親族との関係

次に後継者が悩むのは、親族との関係だ。社長である父親と自分が対立することは、ある意味で後継者としても、想定の範囲内だ。「不条理な言い分だが、社長だから」ということで、最後は後継者が一歩引くかたちで場が収まることが多い。

むしろ後継者が悩むのは、後継者に選ばれなかった親族との関わりである。オーナー企業の一族にとって、後継者に選択されるか否かは、人生に決定的な影響を及ぼす。後継者になれば、これまでのキャリアを捨て去り、家業に専念せざるを得ない。しかも金融機関からの借入について、連帯保証人になる必要が出てくる。自分の人生を家業に捧《ささ》げるようなものだ。**後継者になることは、それほどバラ色の人生ではない。**されど、後継者に選ばれなかった者からすれば、「後継者として会社をもらえてうらやましい」という気持ちになる。

会社とは不思議なもので、内から見る世界と外から見る世界では、まったく違ったものになる。**後継者は、ただでさえ経営の重責を担っているのに、他の家族からの言われなき誹謗中傷《ひぼうちゅうしょう》も受けることに耐えられない。**

ある製造業では、兄弟のみならず、先代の甥（兄弟の従兄弟）まで入社させていた。いずれも同世代で入社時期も似たようなものであった。先代としては、「一族で支え合って、会社を盛り立ててほしい」という素朴な願望があったのであろう。だが、現実は違った。それぞれが「次の社長」を目指して、なにかと相手の足を引っ張り合うようになってしまった。いくら先代が協力し合うように指導しても、感情を抑えることはできない。私も「どうしたらいいか」と相談を受けたものの、感情的な対立にいくら法律論を語っても、何も解決しない。「社長が後継者を明確に指名するしかない」と回答した。

こういった親族間の対立は、それぞれが結婚して子どもができると、なおさら顕在化しやすい。「いつになったら社長になれるのか」「うちの子どもはどうなるのか」と言われると、「家族のために、なんとかしなければならない」という気持ちになる。**自分の家族を守るために親族と対立する。**そういうジレンマが生まれてしまうのが、オーナー企業の怖さでもある。

③対外的な関係

後継者は、対外的な関係でも、肩身の狭い思いをさせられることがある。何かの会合に社長の代理として出席すると、「そろそろ代替わりではないのか」などと言われてしまう。口では「父はまだまだ元気ですから」と取り繕《つくろ》うものの、内心では「それができれば苦労しない」という思いだ。

後継者は、自分から社長の引退を切り出すことは、立場上できない。そこで「うまく先代をリードしてほしい」という願いを持って、懇意にしている銀行の支店長、顧問税理士、あるいは知人の社長などに相談するものの、たいていうまくいかない。どういう理由であれ、他人が引退を勧めるのは、やはり気が引けるものだ。一歩間違えれば、社長の逆鱗《げきりん》に触れてしまいかねない。

こうして後継者は周囲から励まされるだけで、何も進展しないという状況に陥ってしまう。

ポイント！

- 事業承継は、会社と家族双方を見据えたダイナミックなものである。
- 事業承継最大のリスクは、現社長がいつまでも社長であり続けることである。
- 現社長は、悩みを抱える後継者の立場にも思いをはせるべきである。

2 事業承継を成功に導くための3大視点「支配」「バランス」「時間軸」

～場当たり的ではない、整合性を持った戦略で進めていく～

確実に支配権を譲渡する

事業承継のリスクを整理したうえで、事業承継を成功に導くための３つの視点を確認していこう。事業承継とは、将来の繁栄に向けた一連のプロセスである。単に個別の対策を積み上げるだけで成功するものではない。**個別の対策は全体の体系のなかにおける位置づけを意識しなければ、整合性のとれた戦略にならない。**そのための３大視点である。**キーワードは「支配」「バランス」「時間軸」である。**さっそく「支配」から考えていこう。

事業承継を単なる節税対策と考えている社長を見かける。「相続税をいかに抑えるか」「役員退職金をいくらにするか」などだ。しかし、こういった認識は早急に改めるべきだ。節税対策は、事業承継の一部であって、すべてではない。むしろ節税対策にこだわりすぎてしまったがゆえに、事業承継に失敗してしまったケースすらある。

事業承継における基本は、「後継者に会社の支配権を確実に渡す」ことだ。確実な支配権の譲渡が確保されたうえで、はじめて節税対策を検討していくことになる。この思考の順番を間違えてはならない。後継者が自由に経営の采配を振ることができなければ、事業を承継したとは言えない。社長は、徹底的に「会社の支配権」にこだわるべきだ。

会社の支配権とは、法的に見れば「自社株の保有」ということになる。あたりまえのことであるが、オーナーは自社株を保有しているからこそ、自社を所有し、支配することができる。代表取締役だから会社を支配することができるわけでは決してない。

いかに優秀な社長であっても、株主総会で解任決議をされれば、理由がなくても解任されてしまう。しかも解任決議には、一般的に過半数の株式を有する者の賛同があれば足りる。**代表取締役だから安心ということではない。**

だからこそ、会社の支配権が具体化された自社株を、後継者に集約させなければならない。ときに「家族で支え合って」「家族の会社だから」ということで、子どもらに自社株を分散させる社長もいるが、絶対にやめたほうがいい。むしろ家族間の対立を生みだす原因になってしまう。自社株は後継者に集約することを徹底させるべきだ。他の家族に経営に関与することをあきらめさせることも、ある意味では先代の役割だ。

このようなことをセミナーで説明すると、「後継者に能力がないことがわかったら、どうするのか」と質問されることがある。こういうときには「そういった後継者を選択した社長の責任。自社株を分散したとしても、問題の解決にならない」と回答している。厳しいようだが、それがオーナー企業の現実だ。

後継者には「自社株のすべてを集約させる」ことが理想だ。多ければ多いほどいい。さりとて、自社株が分散しており、すべての自社株を後継者に渡すことがなかなか難しいときもある。そういう場合でも、発行済株式総数の少なくとも3分の2以上は、後継者が持てるようにしていかなければならない。たとえば、定款変更についても、確実に単独で実行するには、発行済株式総数の3分の2以上を確保しておくべきだ。

つまるところ、社長として決定できる範囲は、自社株の保有率によって決まってくる。オーナー企業の場合、社長が実質的に単独であらゆることを決めることができるからこそ、大企業にはないスピード感を持った経営を展開することができる。社長の「そうだ、あれやってみよう」という感覚は、まさにオーナー企業の強さを表している。これが、何を決めるにしても、他の株主との調整が必要となれば、スピード感などあったものではない。

自社株は、何もしなければ自然と分散していく性質がある。**「自社株を集約させる」という強い意識がなければ、分散するばかりである。**しかも、いったん分散した株式を事後的に集約させるのは、時間がたつほど難しくなってくる。そこで「費用をいくらかけても集約させる」という覚悟が必要になる。

社長のなかには、「うちは過半数の株式を確保しているから、大丈夫。しかも株式の譲渡には、取締役会の承認も必要だから」と安穏《あんのん》たる思いの人も見受けられるが、自社株の怖さをまったく理解していない。

たとえば、3％の株式を持っていれば、会社の会計帳簿を閲覧することができる。これでは経営に関与しない株主に会計情報が筒抜けになってしまう。一定の場合に閲覧を拒絶することができるものの、その理由を会社にて説明しなければならない。「会計情報を他人に知られたら困るので見せたくない」というのは理由にならない。**たまたま手に入れたわずかな自社株であっても、法律とうまく組み合わせれば、社長の首元にナイフを突きつけることも可能である。**

「予定しない第三者」が経営に介入することを防止するために、「株式の譲渡について取締役会などの承認が必要」と定款で定めている会社は多い。いわゆる「譲渡制限付株式」と呼ばれるものだ。たしかに譲渡制限すれば、予定しない第三者の介入をある程度防止することができる。ただし、絶対ではない。

たとえば、ある株主が亡くなり相続が発生した場合、譲渡制限は機能しない。つまり、自社株を相続した者であれば、会社の意向と関係なく、新たな株主として権利を行使することができる。ある会社では、相続で新たに株主になった者が「これまで株主総会の開催案内を見たことがない。社長の経営方針は違法だ」と批判してきたことがあった。

また、譲渡制限にはもうひとつ、社長として見落としがちな点がある。それは譲渡承認請求を拒否した後の対応だ。会社として譲渡承認請求を拒否すれば、それで終わりという単純なものではない。

あるサービス業の会社では、親族のひとりが自社株を2割くらい保有していた。経営に対する方針の相違から感情的な対立になり、親族が自社株を第三者に売却することになった。売却の相手はライバル会社の関係者であった。会社は、取締役会で譲渡承認請求を拒否したが、「これで安心」では終わらなかった。

譲渡承認請求を拒否された者は、会社に対して自社株の買い取りを求めることができる。

買い取りを求められた会社は、譲渡不承認を通知した人から40日以内に一定の金額を供託のうえ、会社が買い取る旨を通知しなければならない。そうしないと、譲渡を承認したことになってしまう。

本件でも、親族から会社に自社株の買い取り請求がなされた。供託する額は、会社の純資産及び譲渡対象となる株式数などから算定される。会社は、相当な現金をあわてて用意せざるを得なくなり、事業にも影響が出てしまった。その後の交渉では、買取価格について合意できなかった。最終的には、裁判所の手続のなかで買取価格について合意して解決したが、会社としては、あまりにも大きな負担となってしまった。「譲渡制限があるから大丈夫」というわけではないということだ。

バランスにこだわる

「完璧な事業承継」といったものは、存在しない。それにもかかわらず、完璧なものを求めるばかりに、「いつまでも対策がはじまらない」ことが珍しくない。まさに机上の空論といったところだ。**すべてを満足させるような事業承継がないからこそ、「何を守り、何を手放すか」という優先順位が重要になってくる。**

こういった優先順位をつけていくには、「事業承継のグランドデザイン」をまず描いていかなければならない。場当たり的に対策を打っていくだけでは、全体としてのバランスを欠いたものになってしまう。安定した事業承継を実現するには、10年スパンで戦略を練っていかなければならない。長期間を要するからこそ、最初の設計図にこだわりを持っていただく必要がある。

あらゆる経営判断は、バランスを見いだしていくものだ。「売上と経費」「外注と内製」「採用と退職」といったように、バランスをとるべきものは多岐にわたる。事業承継においても、同様だ。**判断をするべき事項が多数にわたるがゆえに、バランスを意識して展開していかなければならない。**「節税対策だけ」「自社株対策だけ」というのでは、安定した事業承継にはならず、別の問題を引き起こすことになりかねない。

オーナー企業において、とくに重要になることは「会社と個人のバランスをいかにとるか」ということだ。オーナー社長は、会社の所有者として、自由に会社を経営していくことができる。売る商品も、価格も、売り方も、すべて社長ひとりで決めることができる。だからこそ、「うちの会社」と思わず口に出てしまう。

ここで、オーナー社長の頭の中をのぞいてみよう。社長は、会社と自分を明確に切り分

図表2　社長から見た世界のイメージ

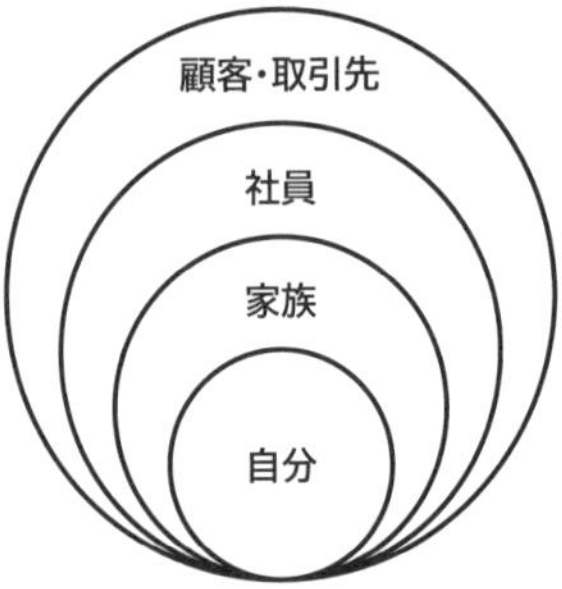

社長に発生した問題は、中心から外側に向かって波及していく。自分と近い関係にある者とのトラブルほど、法律論ではなく、感情論になってしまう

けて考えていない。「自分が会社で、会社が自分」という認識がもっとも近い表現だろう。**むしろ社長は、自分を取り巻く人を基準に世界を把握している（図表2）。**自分を中心にして、まず家族が位置づけられる。その外側に社員がいる。社長にとっては、社員までを含めて家族のようなものとして捉えている。その外側に取引やお客様が配置されることになる。社長が病気で倒れてしまえば、家族、社員、そして取引先への波及効果が及んでいく。**社長は、事業承継においても「自分が引退したらどうなるか」を「人に与える影響」という観点から整理してみるとわかりやすい。**

オーナー会社では、会社と社長が法律的には別の主体でありながら、「自社株保有」という事実を通じて、経済的に一体化しているところに特徴がある。事業承継を検討する場合には、会社と個人の全体を見ながら、対策を検討していかなければならない。

たとえば、ある財産を会社で保有するか、個人で保有するかは、オーナーの判断ひとつで決めることができる。会社で保有すれば、自社株の評価に影響する。個人で保有すれば、相続に影響してくる。**法人と個人のいずれの名義で資産を保有するかによって、事業承継において検討するべき内容が変わってくる。**

事業承継をきっかけに、法人と個人の財産について、そこに自分なりの戦略があるのか、見直していただきたい。検討の手順としては、会社から社長個人に対するキャッシュの動かし方から考えていくとわかりやすい。

オーナー企業の社長は、個人資産を戦略的に形成しておかなければならない。社長は、事業についてすべて責任を負っている。予想しない事態で事業が傾けば、個人資産を会社に投入しなければならない。**個人資産は、事業を維持するための切り札となる。**また、金融機関は、会社の資産のみならず、連帯保証人である社長個人の資産も一体のものとして、与信を判断していく。時代の潮流として、連帯保証人の責任を軽減する方向に向かっているものの、社長が連帯保証人になることは、会社と個人が経済的に一体化しているオーナー企業においては、これからも求められるであろう。

さらに社長は、年金もあまり期待できない。経営から離れれば、個人資産を取り崩しながら暮らしていくことになる。医療の発達で寿命が長くなれば、生活費や介護費用の負担も自ずと増えてくる。財源が心もとないなかで暮らしていきたくはないであろう。豊かな老後の時間を過ごすためにも、個人資産が必要になってくる。

個人資産を形成するためには、会社から個人にキャッシュを戦略的に動かしていかなければならない。会社から個人にキャッシュを移動させる方法としては、役員報酬、役員退職金、及び賃料が代表的である。これら3つの方法にしても、顧問税理士と協議のうえ、全体としてもっとも効率の良い配分を模索することになる。

「会社と個人のバランスをとる」という視点は、税金の負担を検討する際にも必要になってくる。「ヒト」「モノ」「カネ」「情報」という経営資源を動かせば、税金が発生してくる。社長の素質は、税金の考え方に如実に表れてくる。

優秀な社長は、税金を「事業発展のための経費」と捉えている。「税金を支払うからこそ、大きくなれる」と語っていた社長もいた。さりとて、こういった方も無駄な税金まで支払うべきと考えているわけではない。節税についても合理的に検討している。

図表3　事業承継における節税の考え方

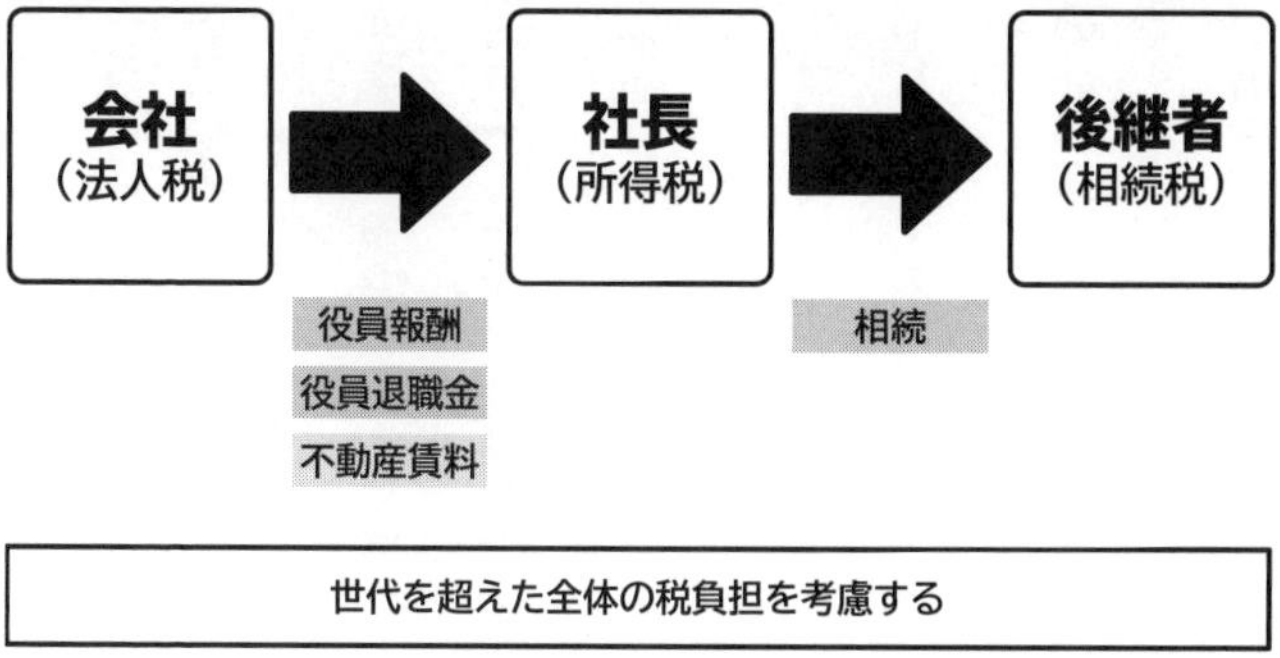

　オーナー企業においては、税金の負担を「法人税」「所得税」と税金の項目ごとに検討してもあまり意味がない。社長として興味があるのは、個々の税金の多少よりも会社と家族を合わせた総額としての税負担だ。だからこそ、税金の計画にしても、会社と家族を合わせたうえでの最適解でなければならない。

　たとえば、会社に利益が出れば、法人に法人税が課税される。役員報酬や退職金をもらえば、所得税が社長に課税される。さらに相続が発生すれば、後継者に相続税が課税される（図表3）。このように、オーナー企業においては、様々な税金が異なる主体に課税されていく。そして、税金の違いによって、税の計算方法も違ってくる。法人税は定率だが、所得税や相続税は超過累進課税である。**節税対策を考える場合には、法人から後継者に至るまでの一連のキャッシュの動きを想定したうえで、全体としての税負担が軽減されるように仕組みを組み立てていくことになる。**

「こうすれば、法人税が軽くなる」といった類のアドバイスは、たいてい戦術レベルのものでしかない。戦略は戦術に勝る。社長は戦略家でなければならない。

自分のなかに時間軸を持つ

人生においてもっとも貴重な資源は、時間である。時間は誰に対しても平等に与えられるものであるが、いくら費用をかけても1秒すら買うことはできない。変化の著しい現在においては、時間というものがなおさら強調されている。

「生産性」という言葉も、できるだけ短い時間で、できるだけ多くの利益を生み出すための指標と言えるであろう。事業承継を検討するうえでも、時間を意識しなければならない。**無理のない事業承継をするためには、「10年」という長期的な視座を確保していくべきだ。**

「後継者を呼び戻して、自社株を渡せば、終わり」という単純なものではない。後継者の経営手腕を磨き、関係者の視線を先代から後継者へと変えていかないといけない。そうなると、圧倒的に時間が必要だ。「いつかはじめる」というのでは、いつまでもはじめることができず、事業と家庭に混乱をもたらす。

対策が遅れる要因のひとつとして、事業承継に対するイメージの誤解が挙げられる。社長のなかには、事業承継を「自分が亡くなった後のこと」と漫然とイメージしている人がいる。こういった人に限って、「自分は健康だから大丈夫。事業承継はまだ先のこと」と安直に捉えて、目の前の業務ばかりに集中してしまう。

事業承継は、重要性が高いものの緊急性は低い。そのため、重要性が低いものの緊急性が高い目の前の業務に劣後してしまいがちだ。判断は、重要性を基準にしなければならない。

「社長の死」という危機は、いつ訪れるか、誰にもわからない。ある水産業の会社では、優秀な社長の下で、確固たる経営が展開されていた。将来の後継者とされた次男も呼び戻されて、「これでさらなる成長を」と決意を新たにされていた。されど、不幸はノックもせずに人生に立ち入ってくる。社長は、急病により60歳で亡くなった。それから次男にとって、修羅の道がはじまった。

次男は自社に呼び戻されていたものの、「会社のすべてを学ぶように」ということで、他の社員と同じように、日々の業務を担うばかりで、経営についてまったく教わっていなかった。父を失った悲しみに暮れる間もなく、新しい代表取締役の選定について、親族や古参社員を交えた話し合いの場が設定された。それぞれが自分の思惑のなかで発言しつつ、とりあえず次男を後継者にすることで合意ができた。次男は、財務も、商品の内容も、人件費の決め方もわからないまま、社長になったというわけだ。

次男は、先代に人望があったため、周囲の人も突然の不幸に同情し、自分を支援してくれるだろうと安易に考えていた。しかし、その期待は見事に裏切られることになる。

まず、オーナー企業の売上というのは、社長個人の信用によって生み出されている。「あの社長のところから買おう」という意識だ。前触れもなく代替わりが発生すると、「あの後継者で大丈夫だろうか」という疑念が取引先に生まれてしまう。もともと後継者の人柄を知っていれば、そういった疑念も払拭できるだろうが、まったく関わりがなければ、赤の他人が後継者になったのと事実上変わらない。このケースでも、当初は「後継者を支援しよう」と取引を継続してくれていた会社も、要を得ない次男の対応に「取引中止」という判断をするところが出てきた。

しかも、自社内部も混乱した。古参社員の一部は、次男に対して平然と「自分に経営を任せろ」と言い出した。実績もない後継者の下で働くことが、プライドとして許せなかったのだろう。先代の妻が「息子に協力してほしい」と懇願しても、相手にされなかった。「あれほどお世話してきたのに」と妻も人間不信になってしまった。古参社員は、ことあるごとに次男の無能ぶりを指摘した。しだいに他の社員の次男への態度も「ボンボンだから」というものに変わってきた。

社内に相談先のない次男は、母親とともに私の事務所に来所された。私は「そこまで会社の方針に合わないのであれば、(古参社員には）退職してもらうしかない。これは法律論よりも後継者としての覚悟です」と淡々と回答した。どこかで覚悟していたことではあるが、不安で言葉にできなかったことを弁護士に明確に伝えられて、次男は驚かれていた。

しかし、それからの次男は立派だった。次男は自分の言葉で古参社員に退職を勧めた。もちろん反発を受けたものの、なんとか金銭的に解決できた。そのとき、はじめて「自分の会社」になった。**突然の混乱に至らないために、社長は、自分のなかに時間軸を持って事業承継に取り組んでいかなければならない。**

典型的なオーナーの人生を、時間とともに少し考えてみよう。自社の采配を振ってきた社長は、どこかの時点で社長の椅子を後継者に渡し、会長職に就く。会長職として後継者を陰ながら支援していくことになる。同時にオーナーは、税理士とも協議しながら自社株の移転について少しずつ実施していくことになる。

人は年齢とともに、次第に足腰が弱くなり、病気も増えてくる。すると、「誰がオーナー夫婦の面倒を見るか」という介護の問題が生じてくる。最近は、後継者と同居していないオーナーが圧倒的に多い。後継者夫婦にとって、事業をしながら両親の介護を担うのは、相当の負担だ。娘はみな結婚しており、地元には誰もいないというオーナーも少なくない。こうなってくると、「自分の老後をどこで過ごすか」から考える必要も出てくる。

「夫婦でいつか施設に入るよ」と語る方もいるが、「どこの施設に入る予定ですか」とまじめに質問すると、たいてい言葉に詰まる。千差万別の施設のなかで、自分に合った施設を見つけることは簡単でない。しかも、オーナーのなかには、自社株を保持したまま、認知症にかかって、判断能力を喪失してしまう人もいる。こうなると、株主総会すら開けず、事業に支障が出る。金融機関から借入をするにしても、判断能力がないため、連帯保証人にもなれない。こういった認知症のリスクをセミナーで語ると、「想定していなかった」と愕《がく》然《ぜん》とされる方も少なくない。自己の死の前に、すでに壁はある。

こうやって介護を要する時間を経て、人はいつか死を迎えることになる。オーナーの相続となれば、問題になるのは「自社株の相続」についてである。誰が相続するかによって、将来の事業存続の可否が決まる。相続の失敗が家族間の分裂を生み出す。**相続時に、本人はすでに亡くなっている。苦しむのは残された人だ。**

人の運命は誰にもわからない。わからないからこそ、意志が求められる。ライフプランを描いたとしても、そのとおりに人生が歩まれることはまずない。それでもライフプランがなければ、実際に歩んでいる人生と自分の想定のずれすらわからない。ずれを認識できれば、修正していくことも可能だ。**人生の修正を繰り返していくことこそ、運命に対して主体的に生きるということだ。**

ポイント！

- **後継者には会社の「支配権」である自社株をすべて集約させるべき。**
- **完璧ではなく、全体的に「バランス」のとれた事業承継にこだわるべき。**
- **突然の混乱に陥らないために「時間軸」を持って取り組んでいくべき。**

3 社長の座を手放すことでしか、自社の将来の繁栄は得られない

〜事業承継とは「辞めたい、されど辞められない」という葛藤との戦い〜

社長業の魔力にとらわれる

自社の将来の繁栄は、社長の椅子を後継者に託すことでしか実現できない。社長であれば、難しい説明をするまでもなく、本能的に事業承継の重要性を理解している。されども、社長の椅子をなかなか渡すことができない。後継者をはじめ、周囲の者から代替わりについてやんわりアドバイスを受けても、いぶかしく感じる。「まだ後継者が育っていない」「大変な時期だから」と事業承継ができない理由をひたすら列挙するものの、いずれも本質的なものではない。

事業承継に関しては、「（現社長が）社長の椅子を手放してくれない」という後継者から

の相談が圧倒的に多い。これはもはや法律論ではない。もちろん自社株の保有率によっては、現社長を解任することができる場合もあるかもしれない。だが、一方的に現社長を解任すれば、親子関係の断絶は目に見えている。しかも後継者には「あいつは自分の親を排斥して乗っ取りをした」という風評が広がってしまう。これではこれからの取引においても、悪影響を及ぼしかねない。

いくらグローバル社会やネット販売が叫ばれていても、圧倒的多数の中小企業は、特定の地域に根ざした事業を展開している。地元の金融機関、地元出身の社員、地元の取引先など、地域を離れた事業というのはイメージしにくい。**事業と地域が密接に関わっているがゆえに、事業承継の失敗は、噂《うわさ》としてあっという間に広がることになる。**「あそこは兄弟を会社に入れたからもめた」「社長の相続でもめているらしい」などの話を耳にしたこともあるだろう。

「そんな風評なんて気にしない」という社長もいるかもしれないが、それほど簡単な話ではない。本人はよくても、家族としては、世間体を気にして生きづらくなることもある。あるいは世間からの評価を意識するばかりに、合理的な判断ができなくなった社長もいる。世間体を気にするあまり、課題に対して毅然《きぜん》とした対応をすることができないということだ。

こういった傾向は、幼稚園など教育関係の事業において目立つ。社会において「先生」と言われる立場は、周囲からの信頼の下で成立している。そのため、周囲からの評判を過度に意識してしまい、事業や家庭の問題が外部に知られることを極度に恐れ、何もできないというケースが少なくない。そのため、労働事件も起きやすい。弁護士としてアドバイスをしても、「それはわかります。でも周囲からの評判が」と言って、受け入れてもらえないことが珍しくない。

ある教育施設では、社長の長男と長女を勤務させていた。わがままな長男は、自分の思うとおりにならなければ、家族や周囲の者を容赦なく叱責した。しかも、児童らの親に対しては、「児童たちのために全力で学校を変えている」と唱えてまわるような状況であった。それで長男の処遇についての相談を受けることになった。

社長は「長男を直ちに辞めさせたい。ただ、教育者として、家族間のトラブルが世間に知られるとまずい」という、なんとも定まらない姿勢だった。「人の風評をコントロールすることはできない」ことを説明しても、理解していただけず、案件としてお受けしなかった。

風評に悩まされることなく事業承継を遂行するには、「社長の椅子を手放す」という覚悟が不可欠である。**手放すからこそ手に入る将来の繁栄がある。**さりとて、なかなか覚悟できないところに社長の悩みがある。

オーナー社長の楽しみは、何といっても、自社のヒトとカネを自由に動かすことができることだ。自分の判断の下でヒトとカネを動かして利益を手に入れることは、知的好奇心に満ちている。それだからこそ、経営の重責を背負いながら、これまでやってくることができた。しかも周囲からは「社長」と呼ばれて尊重されている。「社長」というポジションで人脈も構築している。

オーナーにとって、自分の人生のすべてが「社長」という立場を基礎に成立している。自分と「社長」という肩書きが不可分になっている。それはしだいに「社長」という立場に対する執着となり、それが離れることへの恐怖になっていく。「社長を辞める」ことが、ときに自分を否定することのようにすら感じられる。

社長業は、やればやるほど自分と一体化して、離れることが難しくなる。そこに社長業の魅力と魔力が共存している。気がつけば、自分の両手が社長の椅子に鎖でつながっている状態になっている。**社長の椅子はひとつしかない。辛くとも自ら鎖を断ち切り、椅子から立ち上がらなければならない。**椅子から離れれば、もはやヒトもカネも自由に動かすことができない。会社における居場所も、見慣れた通勤の風景も、あらゆるものが変わってくる。拍手喝采は新たに椅子に座った後継者に向けられ、いつのまにか「先代」と呼ばれるようになってくる。

ある社長は、後継者に事業を渡した後、「(社長の仕事は) あれほどしんどかったけど、いざ辞めてみると寂しいな。声をかけてくる人も少なくなって」と話されていたのが印象的だった。まさにありのままの心情だろう。本人にとっては「これほど仕事に邁進してきたのに」という一抹《いちまつ》の不満もあるだろう。だが、すべては「未来にわたる自社の繁栄」という大きなストーリーのなかの一部だ。社長の努力があるからこそ、渡すべき事業ができあがっている。社長であれば、自信を持って立ち去りの美学を追究してほしい。**花は散り際こそ美しい。社長の生き様も同じであってほしい。**

後継者からは「父は経営が好きで、いつまでもバトンを託してくれない」という相談を受けることがある。たしかに経営が好きということもあるだろうが、実際には「社長という立場を失った後の自分がわからない」という不安こそ大きいものだ。後継者として先代を尊重するとは、こういった先代の不安に寄り添うことではないかと事業承継を目にしながら日々感じる。**何かに執着することは、人間にとっての苦しみのはじまりである。**苦しみから逃れる術がわからず、もだえている社長は少なくない。

先代と後継者の感情的な軋轢は、そういった「先代の本音についての理解不足」というところも多分にある。結局のところ、家族といえども、他人の心のうちは誰にもわかりはしない。後継者が「先代はこう感じているはずだ」と考えても、たいていは明後日の方向だったりするものだ。**大事なことは「先代の心情を理解している」という自信ではなく、「先代の心情を理解しよう」とする行動だ。**そういった行動の積み重ねが、先代から後継者への信用につながっていくものと言える。

宣言しないとはじまらない

一般的に言われることだが、仕事は取りかかれば半分終わったようなものだ。取りかかるまでに時間がかかる。これは事業承継にも通じるものがある。

「事業承継をどのように展開していこうか」「相続対策をどのようにするべきか」と思案して、セミナーに参加したり、本を読んで学んだりする社長は多い。**だが、いくら知識を手に入れたとしても、具体的に取りかからなければ、何も変わらない。**むしろ悩みが増えるだけだ。

事業承継は、重大でありつつも、緊急の対応を求められるものではないため、後手になってしまう。社長の判断に任せていたら、いつまでも動き出さず、周囲をやきもきさせることになる。事業承継を進めるためには、自分をそうせざるを得ない環境に置く必要がある。**もっとも効果的な方法は「自分が退任する時期を周囲に宣言する」ことだ。**周囲に宣言することには、次の3つの効果がある。

①外部に表明したために、動き出さざるを得ない

ビジネスにおいては、あらゆるものに期限がある。期限があるからこそ、「なんとかしなければならない」という意識になって、プロジェクトを終えることができる。事業承継には、明確な期限がない。そのため、いつまでも手つかずになってしまう。**社長自ら引退する時期を公表し、期限とするべきだ。**

話は脱線するが、「優れた決定」とは、何らかの制約要因があってこそ生まれてくる。「何でも自由にどうぞ」という状況においては、判断要素が多すぎて、何も決まってこない。**「事業承継の期限」が設定されることによって、事業承継に関するすべてについて、制約要因が生まれてくる。**だからこそ、諸々の対策についてスピードを上げていくことができる。

②退任をする時期を明確にすることで、対策を逆算的に検討することができる

たとえば、５年後に引退するとすれば、そこから逆算して「現時点で何をするべきか」を決めていくことができる。**将来の承継を現在に引き直して考えることこそ、事業承継をダイナミックに捉えるということだ。**

オーナー社長であれば、役員退職金の金額について考えることもあるだろう。役員退職金は、節税効果も高く、自社株の評価を下げることもできるため、事業承継において必ず検討しなければならないことだ。たいていの社長は、金額ばかり気にしているが、それでは「取らぬ狸《たぬき》の皮算用」ということになりかねない。自分が引退する時期を前提にしなければ、税理士が具体的な退職金を算定することもできない。また、具体的な退職金の金額が定まることで、財源の確保についても考えることができる。

役員退職金については、財源について悩むことが多い。周囲からは「できるだけ役員退職金を取ったほうがいい」とアドバイスされる。もちろん、退職金は多いに越したことはないが、先立つだけの資金がないというのが社長の悩みだ。

また、業種によっては、特別な配慮を要するときがある。たとえば、建設業では、公共工事の入札に入るために、財務状況の審査がなされる。いわゆる「経審《けいしん》」と呼ばれるもの

だ。社長は、多額の役員退職金を取ることで貸借対照表が傷つき、経審に影響することを危惧し、退職金について抑制的な場合もある。

このように、退職金ひとつにしても、できるだけ早い段階から計画を立てておかなければならない。

③退任の時期が公表されることで、後継者、社員の目の色が変わる

会社が変わっていくということが現実的なものになり、緊張感が一気に広がる。後継者の不安は「いつ自分が社長になるか」がわからないことだ。先もわからないままひたすら日々の業務をこなすというのは、精神的にも滅入《めい》ってしまう。

これが「数年後には自分が社長になる」とわかっていれば、日々の業務の見え方すら変わってくる。すべてにおいて「自分が社長になれば」という視点で考えながら業務をこなすようになるからだ。

思考があってこそ、作業が仕事になる。社員にしても、事業承継の時期が決まれば、「この会社はこれからも続く」という安心感につながる。社員にとっては、会社が存続することこそ、もっとも大事なことだ。いくら理念や夢を語られたとしても、会社が消滅すれば

暮らしていくことができない。

あるメーカーの経営計画の発表会における出来事である。社長は、地元でも確固たる地位の企業を一代で作り上げることに成功した。公益的な役職にも従事し、まさに地元の名士という方であった。その社長が、発表会の挨拶のなかで「3年後に退任して後継者に任せる。みんなそのつもりで頼む」といきなり発言した。第一線で活躍していた社長からのいきなりの発表は、後継者も社員も青天の霹靂《へきれき》だった。同時にすべての人の覚悟が決まった。懇親会で古参の社員が「社長はいつもいきなりだから困る。言われたからには3年以内に結果を出して花道を飾らせます。あと新社長を一丸となって支えます」と挨拶をしていた。私は見事な組織だと感じ入った。

では、社長は具体的にいつまでに退任すべきであろうか。社長には「定年」というものがないために悩ましい。しかも、会社の実情もあるので、一概には判断できない。個人的には**「70歳までには事業承継をいったん終了させるべき」と考える。もっと言えば、65歳をひとつのマイルストーンに設定して、事業承継を考えていただきたい。**

現代において65歳はまだまだ現役世代であって、「引退するには早い」という印象を受けるかもしれない。されど、事業承継は「早い」という印象を受けるくらいがちょうどいい。**こういった時間的余裕を確保するのは、事業承継に失敗した場合のリスクを回避するためだ。**

あるサービス業では、次男に社長を譲ったものの、先代と方向性がまったく合わなかった。次男は自室にこもり、数字だけを眺めながら経営を進めようとした。結果を出せない社員を執拗に責め、求心力も失っていた。「引退した人が口を挟むな」という次男の姿勢にしびれを切らした先代は、苦渋の決断として、次男を社長の椅子から降ろし、会社から離れさせた。父親としては辛い判断であったが、会社と社員を守るための判断であった。もちろん顧問税理士から、代表取締役に復帰することによる税務的リスクについての説明もあったが、背に腹は代えられぬということでの判断であった。事業を整理して、改めて別の親族に経営を渡して正式に引退した。社長として見事な姿である。

不測の事態において、一時的に社長に舞い戻るためには、やはり体力が必要である。高齢になって身動きが取れなくなった状態で、会社を建て直すことはできない。余力を持って、事業承継を組み立てていただきたい。

会長としての生き方をイメージする

オーナー社長が社長をなかなか辞められない理由のひとつに、「引退後の自分の生活がイメージできない」ことが挙げられる。これまで日夜関係なく社長をしてきた人が、「明日から普通の人」と言われても、実感が湧かないであろう。人はイメージできないものを理解することができない。理解できないものには触手を伸ばさない。

社長のなかには、「事業から離れたら、好きなことに時間を思い切り使う」と語られる方もいるが、たいていうまくいった例がない。趣味に打ち込むにしても、3カ月もすれば、どれほど好きなものでも飽きてくる。そして、ぼんやりと時間を過ごすことになってしまう。一方、経営は苦労の連続だ。「なんで、こんなに苦労をしなければならないのか」と当事者としては、泣きたくなるときもある。**だが、苦労があるからこそ、成功も興奮もある。**波風のない暮らしは穏やかではあるが、慣れ親しんだ興奮が足りない。そのため、引退したはずなのに、経営にも口を出してしまう。それが後継者にとっては疎ましく、軋轢を生み出す原因になる。

多くのオーナーは、社長の椅子を渡した後も、会社と何らかの関係を持っている。「社長の椅子を渡したら、会社とは一切関係なし」というケースはむしろ珍しい。**会社と何らかの関係性を持っておくことで、社会とも間接的に接点を維持することになる。**たいていの場合、取締役になるか、会長あるいは相談役といった肩書きを持つことになる。ある人は「会長がいいかな。でも、相談役もなんかかっこよくないか。どう思う」と私に相談してきた。「自分の肩書きでしょ。どっちでもいいでしょうが」と思わず突っ込んでしまったことがある。意外とこういった肩書きにこだわる人がいるものだ。

問題は「会長職として何をするか」だ。**オーナーは「会長」という肩書きを持つことは決めていても、具体的に何をするかを決めていないケースが多い。**

ある方は、代表取締役を離れ、取締役として会長を名乗るようになった。代表取締役を退任する際には、計画的に取り組んでいた役員退職金も手にしていた。あるとき、この方から私に電話があった。「会長になったら、税理士から毎日出社してはならないと言われた。取締役なのに、そんなことがあるのか」というものだ。言いたいことはわかるが、税理士のアドバイスは間違っていない。

会社経営の屋台骨は、会社の仕組みなどを定めた会社法である。これとは別に、会社経営には税法が関わってくる。**会社法的な考え方と税法的な考え方は、必ずしも一致するも**

のではない。会社法によれば、役員退職金は基本的に株主総会の決議で決めることができる。オーナー企業では、株主総会の決議などオーナーのさじ加減ひとつでどうにでもなる。だからといって、「役員退職金は節税効果が高い。ジャブジャブ支払ってしまえ」では、税収もあったものではない。

そこで税法的には、役員退職金として損金算入できる範囲が限定されている。代表取締役から取締役になったからといって、実態として経営への関与が変わらなければ、代表取締役を退任したとは評価できない。これでは「退職した場合だから」ということで、税務的に優遇された役員退職金の制度が骨抜きになってしまいかねない。

このような場合には、「実際には退任したと言えないのに、役員退職金名目で支払いがなされたのではないか」と税務署から指摘されるリスクがある。そのリスク回避のために、「従前と経営への関わり方が違う」ことを明確にする必要がある。前出の税理士のアドバイスも、こういった趣旨でなされたものだ。他にも、「役員報酬を従前の半分以下にするべき」というアドバイスも同じだ。

会長になれば、これまでと同じような経営のアプローチができなくなる。さりとて、会長にしてみれば、「いきなり後継者にバトンを渡して、事業をうまく展開していくことができるだろうか」という不安もある。そうなると、後継者の手腕が不安になり、細かいところまで指示を出してしまう。これが先代と後継者の確執を生むことになる。**しかも先代と後継者の確執が職場に広がると、事業に致命的な混乱を招きかねない。**

ある加工業の会社は、先代が安易に事業の多角化を目指して、多額の負債を背負っていた。しかし、先代には「事業に失敗して負債を作った」という認識はなかった。先代は、周囲からの説得もあって、不本意ながら後継者に社長の椅子を譲渡した。体調不良もあって、会社へ出社していなかった。後継者は「この会社を建て直さなければ」という情熱を持って、社長の椅子に座った。

だが、話はまったくうまくいかなかった。会長になった先代は、電話で社員に対して指示をしてきた。商品の企画から価格、社員の賃金まで、まるで自分が社長であったときと同じように。先代とともに歩んできたベテラン社員は、当然会長からの指示になんら違和感を持たずに従っていた。後継者としても、先代の電話を疎ましく思いつつも、オーナーであり父親でもある者に対して、「黙ってください」とも言えず、見て見ぬふりをしていた。曖昧な後継者の態度に失望した社員は、次第に後継者を無視して、先代に判断を仰ぐようになってしまった。気がつけば、後継者は職場で居場所をなくし、裸の王様として社員からも陰口を叩かれるような立場になってしまった。

意を決した後継者は、問題のあったベテラン社員に対して、態度の改善を求めた。憤慨したベテラン社員は、先代を盾にして、逆に後継者を非難するようになった。結果として、労働事件になってしまったが、なんとか退職してもらうことができた。これがひとつの出来事になって、後継者はやっと社長の椅子に戻ることができた。

会長が社長を超えて社員に指示することは、やってはいけない。社員間に派閥を作りだし、労働事件になりかねない。先代はあくまで一歩下がったところで、後継者と会社を見守るようなスタンスを心がけるべきだ。しかも、小さな失敗まですべてアドバイスしていたら、後継者の成長の機会を摘むことになる。大きな方針について間違っていた場合に、アドバイスをするというくらいが適切だ。

ある会社の会長は、社員から相談を受けたとき、「それは社長に相談して」と冷たくあしらっていた。社員の目線を後継者に向けるために、あえて悪役を引き受けたわけだ。**誰かの意識を変えていくというのは、優しいだけでは実現できない。**

ポイント！

・社長の椅子に執着する先代の心理を後継者も理解していきたい。
・先代の退任時期を明確にすることで、事業承継を効果的に行える。
・退任後、先代は現社長の頭越しに社員に指示を出してはならない。

第2章

後継者から見れば、バラ色ではない事業承継

オーナー企業における事業承継は、とかく承継する後継者側から語られることが多い。実際のところ、「事業承継対策」といっても、戦術レベルでは先代にて実施するものが中心となってくる。さらに心情的にも「会社を離れる」側への慈しみが強調されてしまう。**後継者は、周囲からは「会社を譲ってもらえる恵まれた者」として、あるいは事業承継で利を得た者として見られてしまう。**

だが、後継者から見える世界は、決して光り輝くものばかりではない。事業がうまくいっていない会社を引き継ぐ場合もある。家業のために自分の夢を捨てざるを得ない場合もある。それが後継者として生まれた運命である。

そもそも後継者は、生まれたときから「会社を担う者」として意識される。親としては、口では「自由に将来を決めてほしい」と語るが、本心では「会社を引き継いでほしい」という願いを抱いていることが多い。後継者も、親の本音がわかるからこそ、「実家に戻ろう」という決意をする。

本章では、先代と後継者の共同作業である事業承継について、「後継者の視点」で見ていく。事実を正確に把握するには、物事を多面的に捉える必要がある。先代の立場ばかりにフォーカスしていたら、事業承継の本質を見失う。これからの事業を担うのは、後継者である。**「後継者が経営しやすい環境を作る」ことが、事業承継の目的と言える。**

まずは「後継者の選択」というところから話を始めていく。誰を後継者に選択するかは、「社長としての立場」と「親としての立場」がときに葛藤を生みだすことになる。**自社の将来を考えるうえでは、「誰が社長になるか」が決定的な意味を有するため、先代としても後継者の素質を冷静に見定める必要がある。**

コトナカレ主義で問題を先送りにすると、たいていは失敗する。後継者が定まったうえで、次に「後継者に何を渡すか」について考察していく。先代が譲渡すべきものは、有形資産に限らない。**むしろ「経営手腕」といった無形資産こそ、唯一無二のものである。**そこを見失ってしまえば、資産があっても、何もできない後継者になりかねない。

最後に、実際に後継者から寄せられる悩みについて、いくつか紹介する。後継者は、勢いだけで経営ができた創業者とは違う立場にある。**そのため、後継者であるがゆえの悩みが尽きず、先代に理解してもらえないことに苦しむ。**先代としては、こういった後継者ゆえの悩みをせめて共有しておくべきであろう。

先代と後継者では、立場の違いから世界の見え方が違う。事業承継において、先代と後継者が語り合うのは、こういった世界観の相違を少しずつすり合わせていくプロセスに他ならない。

1 後継者選びで気をつけるべきこと、後継者に求められる資質

～「誰が社長になるか」で、自社の将来は変わってくる～

完璧な後継者を求めない

弁護士の仕事は、割れた破片を集めて可能な限り復元するプロセスに似ている。飛び散った破片を集めながら、「この世界に完璧なものがあるのだろうか」と自問する。企業も、家族も、些細《ささい》なことで壊れてしまう。**完璧に見えるものほど儚《はかな》いのが世の常なのかもしれない。**

社長は、自社の将来のために、後継者に対して完璧なものを求めがちだ。だが、「先代を満足させるような完璧な社長」には、いまだお会いしたことがない。先代からすれば、後継者はどことなく頼りなく、不完全な印象のままだ。だが、不完全な後継者こそ、健全な

後継者である。存在しない完璧な後継者を求めることは、現実を直視しておらず、間違った判断をすることになりかねない。たとえば、先代が「自分の意見に合わないから」と言って、一時の感情で後継者を排斥するなどの悲劇を生みだしてしまう。

そもそも創業者と後継者では、置かれた立場が根本的に違う。創業とは、自ら起業を決意して、ゼロからイチを組み立てるプロセスだ。創造と破壊を繰り返しながら突き進んでいく。これに対して、承継とは、創業者が組み立てた事業を受け継ぐプロセスである。維持すべきものがあり、後継者が好き勝手にできるわけではない。**自分の情熱と引き継いだ事業を統合させることを要する。**

「後継者は、スタート地点から事業があるため、創業よりも簡単」というのは、経営の現実を知らない者の意見だ。引き継ぐものがあるからこそ、制約要因が多く、負担も大きくなる。しかも後継者は、何をしても先代と比較される。成功すれば、「先代のおかげ」と言われ、失敗すれば「だから後継者は」と批判を受ける。自分の実績をありのままに評価されないのが、「後継者」という立場であろう。「先代を超えなければならない」という焦りが、衝突を生みだしやすい。後継者は「何をしても、先代には及ばない」と腹をくくったほうが生きやすい。

誰しも、最初から社長として自信に満ちた采配を振ることができるわけではない。創業者にしても、「順風満帆に自社を発展させた」というケースはおそらくないだろう。**数え切れない判断ミスと不測の事態から生じたトラブルに必死に対処しながら、自立した社長になっていく。**オーナー企業において「社長になる」とは、人を用いることができる自立した存在になるための能動的な一連のプロセスである。

これは後継者の育成においても同じである。最初から非の打ちどころのない後継者などいない。問題点を抱えながらも、失敗を経て、ひとりの社長になっていく。「優れた社長であっても、社員がいなければ事業にならないこと」「家族あっての事業であること」。こういった経営の本質は、失敗を通じてしか理解できない。

たまに目にするのは、高学歴で饒舌《じょうぜつ》な後継者が、先代や社員を論破する姿だ。不器用な先代が自分を早く認めないことへの苛立ちもあるのかもしれない。だが、周囲から見て、気持ちのいいものではない。「オーナー企業の本質をわかっていない。だから、先代も任せないのだろう」と感じてしまう。**人は、論理ではなく感情で動く。**先代が社長の椅子を渡せないのは、後継者が人の心情に寄り添えないところに不安を抱いているからだ。

後継者にとっての不安は「自分は本当に後継者に選ばれるのだろうか」に尽きる。とくに、同じ会社に別の親族がいれば、努力しても否定されたら自分の人生のすべてが狂うため、言いようのない不安に襲われる。しかも、それを先代に相談することもできない。**社長は、誰を後継者に指名するか、必ず自分の言葉で宣言しなければならない。**しかし、そんなあたりまえのことができない社長が少なくない。

とくに同じ会社に複数の子どもらがいると、親としてのかわいさから、ただひとりの後継者を選択することができない。こういった社長は、自社の事業と家族の発展を願うばかりに、存在しない完璧な後継者を追求してしまいがちだ。それが親としての情愛と混在して「もう少し様子を見てみよう」ということで、いつまでも決定できない。

あるメーカーでは、先代が「決める」と言いつつも、決めないまま脳梗塞で倒れてしまった。それからは、後継者候補として自社に戻っていた兄弟が争うことになり、事業も大変なことになった。

おそらく、後継者の選択において「正しい選択」というものはない。どれほど学歴が立派でも、実際に経営をしてみたら、まったくだめだったということもある。**「経営はやってみないとわからない」というのが、実際のところだ。**

だからこそ、後継者の選択においては、とにかく「決定する」ことが重要である。「とりあえず」という暫定的な判断でもかまわない。こういった後継者の決定は、いかに周囲が意見を述べたとしても、先代が自分ひとりで決定すべきものだ。

このとき先代は、後継者に対して、単に事業ではなく、家族すべてを守ることも伝えるべきだ。なんとも古くさい発想かもしれないが、多くの事業承継を目にしてきて感じるのは、社長には事業のみならず、「家族を含めすべてを守らなければならない」という自負がある。ある会社では、後継者の妹に障害があった。先代は、後継者に対して、「社長として妹の面倒を見てほしい」と襟《えり》を正して告げたそうだ。後継者は、はじめて父親が頭を下げた姿に驚くとともに、目頭が熱くなったという。

先代は、後継者をどこかの段階で社外から呼び戻すことになる。学校を卒業して一時的に修業のため、取引先や知り合いの企業にて働かせてもらうことが多い。**社外における修業には、「多様な経営スタイルを学ぶ」という点で意義があるものの、気をつけなければならないこともある。それは「自社に戻れないリスク」だ。**

仕事に情熱を傾けるほど、勤務先での信用が高まり、仕事も楽しくなってくる。周囲から慕われるほど、今の仕事を離れて「実家に戻ります」と言えなくなってしまう。また、都市部に出て家族ができてしまうと、妻から「地方での暮らしはできない」「子どもの進学に影響が生じる」などと言われ、実家に戻ることを反対されることがある。

後継者としては、「子どものため」と言われると、身動きがとれなくなってしまう。結果として、家族を残したまま、「後継者である息子だけが単身赴任」というかたちで実家に戻ることもある。しかし、これでは孫にも会えず、先代夫婦として面白いことではない。後継者にとっても、単身赴任の状況が終わる目処が立たず、ストレスになる。

したがって、後継者を修業に出すときは、「いつ実家に戻るか」について、あらかじめ後継者と確認しておくことだ。後継者が結婚するときも、相手にあらかじめ伝えておくことがトラブル防止になる。

後継者に求められる資質

「後継者として、兄弟の誰がいいでしょう」と相談を受けることがある。会社の文化や事業の内容によって、求められる資質は違うため、明確な判断基準というものはない。強いて言えば、中小企業の場合、学歴と経営手腕は一致しない。

それでも、様々な後継者を目にしていると、共通する資質のようなものはなんとなくわかる。**後継者の基礎体力になるのは「決定力」「対人力」「デザイン力」「財務力」といった**

ものだ。以下、それぞれの内容について概要を説明しよう。

①決定力

経営とは、決定の繰り返しである。しかもオーナー企業では、社長が「商品」「価格」「売り方」「人事配置」といった、すべてのことを決定し、責任を負う。単に情報を集めて周囲の人の意見を聞くばかりでは、何も決定することができない。

弁護士として依頼を受けるときも、決定できない社長ほど、クライアントとして辛いものはない。これまで様々な事件を担当したが、「当事者の一方がすべて悪い」というケースはあまりなく、双方に何らかの落ち度があってトラブルになっているケースが圧倒的に多い。労働事件などは典型的だ。こういう場合、事件を早期に解決していくには、会社として「譲歩すべきところを譲歩する」という姿勢が必要になる。

決定力がない人は、こういった判断を求められたときに、自分で決定することができない。「どうしたらいいのか」と周囲に聞くばかりで、自分で思考して結論を出すことから逃げてしまう。はっきり言って、弁護士も将来のことなどわかるはずがない。**わからないからこそ、社長が決めなければならない。**スピード感が求められる時代に、「決めることができきない」のは致命的な問題だ。

そもそも「時間をかければ、正しい選択ができる」というものではない。むしろ早く決定し、だめなら直ちに修正していくことが、問題の現実的な解決になる。決定力がない人には、学校の試験のように経営課題についても正解があると考えている傾向がある。しかし、**経営判断には正解がない。**仮にあったとしても、事後的な評価の問題でしかない。正解がないにもかかわらず、「ある」と誤信するがゆえに、間違いを恐れて決定することができない。正解があるようなものであれば、ＡＩ（人工知能）に経営を任せたほうがうまくいくだろう。

②対人力

様々な決定のなかでも、とくに重要になることが「いかにして人に動いてもらうか」についての判断である。優秀な後継者でも、単独でできることには自ずと限界がある。社長は「他人を動かす」ことが仕事である。社長が部長の仕事をして、部長が課長の仕事をして、課長が新入社員の仕事をする。そんな状態では、企業として成り立たない。されど、こういった会社は少なくない。

社員にしても、取引先にしても、社長が他人に影響を及ぼし、動かすことで事業は展開していくことになる。**だからこそ、他人に影響を与える「対人力」といったものが強く求められる。そして、対人力の根幹は、話す能力ではなく、「聞く能力」である。**

プレゼンテーションなど、とかく表現する能力ばかりが強調されがちだが、中小企業においては、聞くことのほうがむしろ重要だ。他人からの信用は「この人は話を聞いてくれる」という感覚から成熟されるものだ。自分の話を聞いてもらえず、ひたすら指示を出すだけの人を誰も信用しない。傾聴こそ最大の武器。誰かの話を聞くというのは、話すよりもストレスがかかるうえに技術もいる。相槌《あいづち》ひとつの打ち方で、相手に与える影響もがらりと違う。

相手の話を能動的に聞くときには、質問をすることも大切だ。私たちは、ある問題を認識すると、質問内容にこだわらず、直ちに回答を見つけだそうとする。だが、難しい課題になるほど、回答だけを模索してもうまくいかない。**回答の精度は、質問のクオリティによって決まる。**質問が洗練されていれば、回答も洗練されたものになる。質問が曖昧であれば、回答も曖昧なものになる。

一般的な教育課程では、回答を見つけだすプロセスに時間をかけているが、質問の正しい設定の仕方を学ぶ機会はあまりにも少ない。だからこそ、質問がうまく設定できずに、自分の欲しい回答を手に入れることができない。

これは「弁護士」という仕事からも強く感じるところだ。クライアントからシンプルでわかりやすい質問がやってくると、回答も本質的なものになる。質問内容が整理されていないと、回答も中途半端なものになってしまう。「弁護士に相談したものの、ダメな理由ばかり指摘され、前向きなアドバイスをもらえなかった」という声は少なくない。こういったことになる原因のひとつには、「質問の仕方が間違っている」ということもある。私は、回答を考える前に「事実を整理しましょう。そのうえで、どういった質問を設定すればいいか、検討してみませんか」というところからはじめていく。質問さえうまく設定できれば、自ずと求める回答が導かれることをわかっているからだ。

③デザイン力

次に後継者に求められるのは「デザイン力」だ。これは別に「イラストを描くのが上手」という趣旨のものではない。**デザイン力とは、「制約要因のなかで全体を統合する能力」のことだ。**物があふれている現在においては、単に商品やサービスが「ある」というだけでは、売れない。製造業のみならず、サービス業も含めて、「デザイン」というものが強く求められる。

しかもデザインは、企画から販売方法に至るまで、事業を一気通貫するものだ。商品あるいはサービスの見せ方というものではない。**ユーザーが商品・サービスを受け取ったときの経験を「制約要因のなかで、どのように描くか」ということだ。**こういったセンスは、異業種の商品・サービスを自分で経験してこそ、学ぶことができる。後継者は積極的に外の世界に目を向けなければならない。

④財務力

最後に、後継者に必要な能力は財務力だ。これは後継者がとくに苦手な分野だが、事業を発展させるために、避けては通れない。事業を大きくしていく人は、やはり自分で勉強して、数字に強い。経営で求められる計算は、四則演算だけで足りるため、「学生時代に数学は苦手で」というのは、言い訳にならない。

創業者の場合、もともと資金のない状況から始めているから、会社の数字を意識せざるを得ないため、自ずと財務力も高まっていく。しかし、これが後継者の場合だと、すでに一定の資金があり、経理担当者も用意されている。そのため、自分で日々の数字を確認せずとも、なんとなく事業が回ってしまう。なんとかなるから、後継者の財務力が鍛えられない。

財務力といっても、別に難しいことをするわけではない。日々の仕訳は経理担当者にやってもらえばいい。**社長としてすべきことは、決算書類を片手に「自社の将来を数字で社員に伝える」ことだ。**このとき、損益計算書（P／L）だけ眺めて将来を語ることはできない。会社のこれまでの実績である貸借対照表（B／S）から語ることが求められる。決算書類の読み方は、なにより先代から学ぶことが手っ取り早い。そこには生きた数字がある。先代としても「教えてほしい」と言われて、嫌な気がするはずがない。

もはや孫にも会えない

「子どもの結婚相手に誰かいい人、知らないか」と社長から冗談半分に質問を受けることが増えてきた。社長として、親として、「後継者に家庭を持ってほしい」というのは、素朴な願いなのであろう。社長として、最後の心の支えになるものが家庭である。**経営の安定には、後継者の家庭が安定していることが不可欠だ。**

事業に失敗した若いご夫婦が、負債の整理で相談に来所されたことがあった。聞けば、夫が知り合いを信じたばかりに、多額の負債を背負ってしまったとのことである。夫は責任を感じて、始終うつむいてアドバイスも右から左にという感じだった。妻は「こんな夫ですが、なんとかやってみます」と苦笑いをされていた。「支え合うというのは、きっとこういうことだろう」と感じさせる笑顔だった。

後継者にとって支えとなる家庭であるが、強固なものとは限らない。支えだと甘えていたら、いつのまにかひびが入り割れてしまうこともある。離婚を選択するケースも少なくない。これは後継者夫婦にしても同じである。**後継者が離婚することによって、想定していた事業承継の枠組みが崩れてしまうこともある。**

離婚の原因には、後継者の不倫など様々なものがあるが、圧倒的に多いのが「性格の不一致」や「価値観の不一致」といったものだ。いずれも明確な理由があるわけではない。普段の暮らしのなかで違和感が少しずつ蓄積され、何かをきっかけにして離婚の申し入れということになる。

離婚の申し入れは、妻の側からなされることが多い。いったん女性が決意すると、事後的に修復するのは難しい。両親は、孫のこともあるので、なんとか夫婦関係の修復をしようとする。両家そろっての話し合いを試みるも、一時的には修復できても、しばらくすれば「やはり難しい」ということになりがちだ。

価値観の相違は、これまでの生活環境が多分に影響している。後継者の育った環境では、社長である父親が、接待や会合のため、夕食を家族とともにとらないことがあたりまえだ。たまに家に父親がいると、「珍しい」と感じることもある。さりとて、一般家庭ではまったく違う。父親は決まった時間に家に帰る。そして、家族とともに夕食をとる。それがあたりまえだと思ってきた人にとっては、夫が毎日のように会食などで帰宅が遅くなることが受け入れがたい。いくら「仕事だから」と説明をされても、共感することはできない。しかも土日もゴルフだ。それがしだいに「価値観の相違」としてフラストレーションになり、「家族を顧みない人」のように映ってくる。**結婚時に「中小企業の社長は一般家庭のような暮らしとは違うから」とくれぐれも説明しておくことが、将来の不幸を回避することになる。**

ちなみに、夫婦ともに社長の子である場合、こういった価値観の相違が生まれることは少ない。「後継者の結婚について、親として意見を述べるべきか」と質問されることがある。個人的には、「親として伝えたいことがあれば、きちんと伝えるべきではないか」と回答している。「子どもの人生だから自由に」というのは大切な発想だが、経営者一族の場合は、

「会社も背負わないといけない」という特殊性もある。将来の不幸を回避するために、後見的に意見を述べるのも必要なことだ。

後継者が離婚することになった場合の問題について、いくつか整理していこう。ここでは、後継者である夫と妻が「価値観の不一致」を理由に離婚する場合を想定する。

まず、自社株の帰属についてである。後継者が離婚したことによって、「自社株が財産分与で妻のものになるのではないか」と相談を受けることがある。財産分与の対象になるのは、あくまで「夫婦共有財産」、つまり夫婦がともに築き上げた財産である。**そのため、①後継者が婚姻前から持っていた固有の財産、あるいは②婚姻期間中に親から贈与あるいは相続を受けた財産、については財産分与の対象にならない。**自社株についても、親から贈与あるいは相続で受け継いだものについては、財産分与の対象にはならない。

自社株をはじめ生前に贈与する場合には、「贈与契約書」など贈与した事実がわかる資料を作成しておくことが、離婚時のトラブルを回避することにもつながる。なお、婚姻期間中に先代から自社株を後継者が購入した場合には、財産分与の対象になる可能性がある。

次に確認すべきは、孫の親権についてだ。「カネがいくらかかってもいい。なんとか親権を確保してほしい」と先代から相談を受けることがある。だが、現実的に男性が親権を維持するのは相当ハードルが高い。話し合いで解決しなければ、最終的には裁判所が親権を決めることになるが、子どもが小学校低学年までであれば、よほどのことがない限り、母親に親権が認められることが圧倒的に多い印象だ。

父親は「妻は育児に対して消極的だ」「スマホばかりいじっている」などと主張するものの、「根拠がない」「これからはまじめに対応する」などと反論されて、母親に親権が認められることになりがちだ。こういった現状に憤る家族も多いが、争ってもどうしようもない。なかには、「母親に育てるだけの資力がない」と主張する人もいる。だが、経済的資力だけで親権が判断されることはまずない。経済的なフォローは、養育費の支払いでなされるべきものだ。

離婚時にもめると、最終的に親権を得た母親が、子どもと父親との面会を拒否するような事態に陥ることもある。これでは、祖父母としても目に入れても痛くない孫に会えなくなるかもしれない。いくら面会方法を裁判所で取り決めても、子どもの手をとって強制的に面会を実行する制度は現状ではない。そのため、孫と会えない家族も実際に存在する。

離婚において、徹底的に親権を争うことが本当にいいことなのか、弁護士に意見を聞いたほうがいい。**むしろ養育費を含め円満に話を進め、離婚後でも良好な関係を維持してお**

くことが、長期的には穏当な場合もある。

離婚時に子どもがいると、後継者の相続にも影響する。夫婦が離婚して親権を母親が取っても、父と子の関係は維持される。そのため、後継者が再婚して新たな子どもができても、前妻の子は後継者の相続人になってくる。つまり、後継者が亡くなると、自社株について、前妻の子が相続権を持つことになる。

前妻の子と現在の妻の子が、遺産分割協議をするとなると、感情的な軋轢を生みだしやすい。前妻の子からは「自分と母親は経済的に苦しい生活を余儀なくされた」という意見がなされることもある。後妻あるいは後妻の子は、まるで自分たちが責め立てられるような気がして、対応に苦慮する。**離婚をした後継者は、前妻の子も含めた相続対策をしておかなければ、関わる人すべてを不幸にしかねない。**

ポイント！

- **後継者の決定は、社長自身が自分の言葉で宣言すべきである。**
- **後継者の資質は「決定力」「対人力」「デザイン力」「財務力」。**
- **後継者が離婚することで、事業承継の枠組みが崩れることもある。**

2

あらゆる経営資産は、後継者に集約させなくてはならない

～大切なのは、モノだけではなく、「経営手腕」などの無形資産～

経営手腕がなければ始まらない

先代から後継者に渡すものとしては、有形資産がイメージしやすいかもしれない。だが、資産には、有形資産ばかりではなく、無形資産もある。とくに社会全体がサービス産業化しつつある現在においては、有形の資産があるからといって、事業効率がいいとは言えない。むしろ不動産に代表される遊休資産が多すぎるために、キャッシュフローが悪化してしまい、負担を強いられるケースも散見される。

これは事業承継においても同じだ。**先代が後継者に渡すものは、有形資産に限られたものではない。むしろ無形資産こそ、後継者に渡すべきものと言える。**

無形資産の最たるものが「経営手腕」である。後継者にいくら有形資産を残したとしても、本人に経営手腕がなければ、あっという間に喪失してしまう。

有形資産は自ずと離散し、時間の経過とともに劣化していくものだ。何もせず、ただ資産を維持しようとするだけでも、確実に目減りしていく。ある意味で、有形資産は儚《はかな》いものだ。**しかも、人は、自分が保有している有形資産について、実際よりも価値があるものと解釈してしまう傾向がある。**

たとえば、いつまでも売れない不動産を保有してしまうことが挙げられる。売れないのであれば、安くしてでも現金化するべきであるのに、「いつか値上がりするかもしれない」「安く買い叩かれるのはごめんだ」と理由をつけて売却を渋る。他人に対しては「売れるときに売ったほうがいいのではないか」とアドバイスできるにもかかわらず、自分のことになると、冷静な視点を失ってしまいがちだ。無形資産である経営手腕については、こういったリスクはない。一度身につければ、それを応用していくことができる普遍的なものだ。

もっとも、現在の日本では、中小企業の後継者が経営を体系的に学べる機会が圧倒的に少ない。「会計」「営業」「人事」といった分野ごとについては、専門家のセミナーあるいは書籍を通じて学ぶことができるが、いずれも特定の領域に限定されたものだ。**社長は、各**

分野の専門家ではなく、「全分野の指揮官」でなくてはならない。それぞれの課題も経営全体のなかで把握する必要がある。

たとえば、労働事件について、事件だけを見れば、「会社と社員の対立」ということになる。訴訟になれば、その勝敗だけを考えればいいかもしれない。だが、それでは会社全体を見たうえでの判断にならない。訴訟が長期化すれば、そのための人員とコストがかかる。しかも他の社員のモチベーション低下を招きかねない。総合的に判断すれば、訴訟を1年以上かけて争うよりも、解決金を支払って早期に退職してもらったほうが、労使双方にとっていいという判断もある。社長は、個別の判断について、全体を見ながら実行していくべき立場にある。**後継者には、こういった大局的な視点を手に入れる学習の場こそ必要になる。**

そこで、私の事務所では、後継者を対象にした勉強会を開催してきた。労働問題から財務まで、「社長として最低限押さえておくべきものを実際の事例をベースに検討していく」という議論中心の勉強会である。この勉強会では、「正解」というものは何も用意されていない。ひたすら自分で考えて自分で決定を下すというものだ。自分で考えてこそ、自分の力になる。勉強会を通じて「これをやったら致命傷になる」という感覚を研ぎ澄ましていただくようにしている。こういった勉強会があれば、ぜひ参加されることをお勧めする。そこでは、同じく志の高い後継者仲間とも出会うことができる。

もっとも、経営手腕とは、単に座学で習得できるものではない。座学は座学で終わってしまう。**やはり、実際に経営に関与してこそ、経営手腕は磨かれていく。「後継者の育成」という観点からすれば、失敗の経験こそ重要になってくる。**人は、失敗を通じて多くのことを学ぶことができる。失敗してこそ、同じ失敗を繰り返さないことになる。不確実性が高い現在において、「こうすればこうなる」という確定的な経営手法といったものはおそらく存在しない。予想し得ない出来事に対して、臨機応変に対応していくほかない。

そして、柔軟性は、小さな失敗をできるだけ早く経験することで学ぶことができる。世の中は、あまりにもリスクゼロを目指し過ぎている。たとえば、問題行為にかかる指導について、「パワハラ」と指摘されるリスクを恐れるあまり、萎縮して然《しか》るべき指導ができない事態になっている。これでは仕事にならない。

そもそもリスクをゼロにすることなど、できるはずがない。仮にゼロになっていたら、どこかで歪《いびつ》な構造になっている。そういった歪な構造は、別の場所でより大きなリスクを引き起こす可能性がある。**社長としても、後継者の失敗を恐れるあまり、「何も経験させせな**

い」ということは、かえってリスクを肥大化させる。

ある社長は、あえて後継者である子息を赤字部門の責任者に選任した。「そんなことして、失敗して自信を失ったらどうするのか」と思わず声をかけた。「そのくらいのことができないなら、社長なんてできないよ」と軽くあしらわれた。予想どおり、後継者の采配はまったくうまくいかなかった。いろいろやるものの、結果が出ず、社員のモチベーションも下がる一方だった。それでも後継者は、誰よりも朝早く出社して掃除をして、歯を食いしばって頑張っていた。それから3年。やっと黒字化することに成功し、責任者の立場を終えた。イチから結果を出したからこそ、他の社員も「社長の子」から「後継者」へ見方を変えた。現在は組織のトップとして、見事な采配を振っている。

後継者は、先代の経営手腕を真似ることからはじめると、勉強になる。なにより先代の顔を立てることだ。ときに経営の仕方で、親子間の激しい対立を生みだすこともある。**オーナー企業には、その根幹に「性質」あるいは「性向」というものがある。**

たとえば、創業者が職人肌の場合、技術ベースの経営になりがちだ。営業畑の創業者であれば、営業重視の経営になりがちである。こういった企業の性質は、とりあえず承継して、３年間は維持するべきだ。

ときにあるのは、技術ベースの会社なのに、後継者が営業ベースの会社に一気に舵《かじ》取りを変更することだ。後継者としては「時代に合ったあり方」と考えるのだが、あまりにも急激な方針転換が、先代には自分の実績を否定されたように映り、不安と憤りを覚えやすい。こういうとき、親子で論理的な解決を目指しても、まずうまくいかない。むしろ緊張関係だけが広がる。

まずは先代の経営方法に従って実績を出していく。その態度と実績が、先代に安心感を与える。**先代の安心感を手に入れたうえで、自社の改革に取り組むべきだ。**改革ありきの事業承継は、言うほど簡単なものではない。先代の花道を用意できるのは、後継者しかいない。

資産を後継者に集約させる

オーナー社長が個人として有する資産は、「事業に関係する資産」と「事業に関係しない資産」に大別される。**後継者には「事業に関係する資産」をすべて集約させる。一方、非後継者には「事業に関係しない資産」を与えるようにする。**あたりまえのことのように感じるかもしれないが、実際には「みんなで会社を盛り立ててほしい」という親心から、判断を間違ってしまうことが多々ある。

後継者であるか、非後継者であるかによって、同じ家族でも人生の歩み方がまったく違うものになる。後継者は、本人の意思には関係なく、会社と一蓮托生《いちれんたくしょう》の人生になってしまう。ときに「長男だから」という理由で、本人の意思と関係なく、後継者にしてしまう社長がいる。こういった自分本位の発想はたいてい、家族を不幸にする。

社長はとかく、自分の子を自分の分身のように捉えてしまいがちだ。「自分と同じように事業に対して野心的なはずだ」と勝手な期待を抱いてしまう。さりとて、現実は必ずしもそうではない。むしろワンマンな父親の下で萎縮《いしゅく》してしまい、おとなしい性格の子もいる。父親からすれば、そういったおとなしい性格が何とも心許なく、無理にでも経営を引き継がせようとする。

「自分のつくりあげた会社を、なんとか子どもに引き継がせたい」という親心は理解できるものの、無理を強いることは、子どもを追い込むことになりかねない。いざ自社に入れてみたものの、やはり適性がなく、会社から離れた方もいる。「性格的に合わない」と感じるときには、別の選択を検討するべきだ。**「後継者ありき」の事業承継はたいていうまくいかない。**

いわゆる経営資産とは、「ヒト」「モノ」「カネ」「情報」だ。これらをすべて後継者に集約させていかなければならない。

①ヒト

まずは「ヒト」。もっと言えば、社員の視線である。社員からすれば、入社したときから社長の子であり、後継者である。いつも社員は「この後継者の下で会社は発展していくことができるのか」と戦々恐々である。とくにベテラン社員になるほど、先代との人的つながりが強くなるため、後継者に対する風当たりは強くなる。後継者より経験も知識も豊富であるため、どうしても後継者が頼りなく見えてしまう。

もちろん、社内における後継者の居場所は、後継者自身が努力の果てにつくりあげるべきものであろう。**さりとて、後継者だけの努力では、社内の目線を後継者に向けることができないのも事実だ。**とくに先代が後継者を心配するあまり、細かいところまで口を出すと、社員も後継者のほうを向かなくなる。**だからこそ先代は、社員が後継者のほうを向くように仕向けていかなければならない。**

ある会長は、社員から質問されても、すべて「社長に聞け」とだけ回答している。これは後継者を意識させるためだ。とくに社員が問題行為をした場合の指摘は、後継者が自分の言葉で実施しなければならない。人を批判するのは気分がいいものではない。とくに後継者としては、「社員とうまくやりたい」という思いがあるため、強く批判することができない。しかし、それではいつまでも社長になれない。人は企業の根幹だからこそ、先代ではなく、後継者が自ら処分を下すべきである。

②モノ

次に、事業に要する具体的なものを後継者に集約させないといけない。

典型的なものとしては、事務所あるいは工場などの不動産がある。**土地を個人で、工場建物を法人で所有している人は少なくないであろう。相続でもめやすいケースだ。**

このままオーナーが亡くなると、土地は遺産として遺産分割の対象になる。相続人間で協議がつかないと、工場の運営に支障が出てしまうことがある。

その他にも意外と見落としがちなのが、オーナーから会社への貸付金だ。こういった貸付金は、貸借対照表に「負債」として計上されているものの、実際には返済を予定されたものではないケースが多い。だが、社長がこのまま遺言もないまま亡くなると、貸付金は、法定相続分に応じて相続される。
ある製造業では、先代が会社に3000万円の貸付金を残して死亡した。法定相続人は、後継者である長男と次男のふたりだったが、後継者になれなかった次男が腹いせのために会社に対して法定相続分に応じた1500万円の返済を求めて裁判を起こしてきた。いくら「先代として返済を予定したものではない」と言っても、筋が通らない。結果として会社は、一括して支払うことになり、現金が一気に目減りしてしまった。こういったことにならないよう、社長は生前に貸付金を処理しておくべきだ。仮に処理しない場合は、遺言で後継者に相続させるようにしておく必要がある。

③カネ

最後に検討しておくべきものがカネである。何をするにしても先立つものはカネだ。**あまり意識されることがないが、事業承継を遂行するには、後継者にカネが必要だ。**

たとえば、自社株を後継者が買うとなれば、売買代金が必要だ。先代から生前贈与を受ければ、後継者に贈与税がかかる。さらに相続が発生すれば、後継者に相続税がのしかかる。つまり、何をするにしても、後継者にはカネが必要になる。**先代としては、後継者の**

個人資産の形成にも配慮しておかなければならない。いくら自社株を集約させても、納税資金がなければ、後継者としても対応に苦慮することになる。

社長のなかには「子どもといえども、他の社員と同じ処遇にする」と豪語される方もいる。「後継者だからといって、甘やかしては、本人のためにならない」という判断だろう。言わんとすることはよくわかる。されど、他の社員と同じだけの給与では、後継者は個人資産を形成することができない。これでは「いざ」というときに困ってしまう。後継者を早い段階で取締役に選任したうえで、然るべき役員報酬を支払うべきだ。もちろん後継者には、将来のことを見据えての役員報酬であることを、重々説明しておかなければならない。

あるセミナーで「後継者に資産が必要なのはわかった。でも、報酬を出したら飲み代で消えてしまうかもしれない。そもそも自分の子だから」という、冗談半分なのか、本気なのかよくわからない質問を受けたことがある。おそらく本気だったのだろう。こういう場合は、生命保険を活用するのもひとつの手だ。たとえば、契約者及び受取人を後継者として、被保険者を先代とする終身保険に加入する。こうすれば、後継者の下に渡った報酬は、生命保険料として手元から消える。しかも先代に何かあれば、生命保険金が支払われることになる。手元資金をなくしながら、保険金としてレバレッジを効かせることができるので、便利な方法と言えるだろう。

士業のアドバイザーを確保する

いかにAIが発達しても、人と人のつながりはなくならない。人は、正確性や合理性だけで生きている存在ではない。人と出会い、対話することで、はじめて救われるときもある。後継者は、事業をしていくなかで、様々な壁にぶつかる。先代と比較されること、兄弟で争うことなど。いくら能力があっても、個人で対応できることには、自ずと限界がある。**先代は、後継者が困ったときに相談できるようなアドバイザーを、事業承継対策のひとつとして用意しておくといい。**先代は、後継者と比較して人脈に幅がある。後継者の性格を見定めて、信用できる人材を用意しておくことは、間違いなく貴重な資産だ。

こういったアドバイザーがいない後継者は、ひたすら意識を高揚させるセミナーや書籍ばかり追い求めるようになって、社員をはじめとした周囲の人を困惑させることになる。ある会社では、倒産するときまで、多額の費用が支払い続けられていた。心理的に抑えられて、後継者として「関係を断つ」ことができなかったのだろう。

後継者にあてがうアドバイザーとしては、いろいろな人が想定される。社長仲間もいれば、信頼できるコンサルタントもいるだろう。ここでは士業について考えていこう。

事業をするうえで、専門家である士業の果たす役割は決して小さいものではない。それにもかかわらず、必要性が生じたときに「知り合いだから」「地元だから」という安易な理由で選択していることが珍しくない。オンラインの発達によって、もはや物理的な距離というものは意味がなくなった。私自身、地元に限らず遠方からの相談依頼も相当数ある。**これからの時代は、士業に対しても「戦略的に選択する」ことが必要になってくる。**

ただし、留意すべきは「広告だけでは士業の実態はわからない」ということだ。士業にとっても、競争の時代である。各士業が工夫しながら広告を展開している。こういった広告は、当然ではあるが、自己申告でしかないため、鵜呑みにすることは危険だ。安易に宣伝内容を信じるのではなく、実際に会って話しやすい人であるかを見定めるべきだ。

一口に「士業」といっても、様々な資格がある。ここでは税理士、弁護士、社会保険労務士について検討する。

①税理士

たいていの企業は、顧問税理士を確保している。ある意味で社長にもっとも近い士業と言える。さりとて、社長からは「税理士を変えたい」という相談も少なくない。後継者からは「バックオフィス業務をできるだけ人手をかけずシンプルにしたい」という声をよく聞く。その中核になるのが「会計処理のIT化」である。すでに会計処理をクラウドに移行して、「請求業務」「仕訳処理」「消し込み」「給与計算」といった一連の作業を自動化あるいは簡略化している企業もある。**その根底にあるのは、採用難の時代において、「人手に頼らないビジネスモデルへの転換」である。**こういった時代の流れを止めることはおそらくできない。

そのため、後継者からは「時代に合わせた対応ができるように税理士を変えたい」というニーズが強い。さりとて、これまでのつきあいを変えることに消極的な先代もいる。不満を覚えつつも、「それでも過去に税務署対応でうまくやってもらったから」などと理由を述べる人もいる。

だが、何より大事なのは「後継者として相談しやすい相手であるか」に尽きる。定期的に職員が会社に来所するばかりで、税理士本人とは年に一度しか会えないというのであれば、後継者としても相談できない。自社の将来のために変更することも前向きに検討するべきだ。

②弁護士

これまで「弁護士」といえば、トラブルが起きてから相談するイメージが強かったかもしれない。だが、トラブルが起きてからだと、できることには限界があるうえに費用もかかる。**これからは、事後的処理ではなく、「事前のリスク管理」という観点から、いかに弁護士を活用できるかが企業の明暗を分けていくはずだ。**

少なくとも、私の事務所では「リスクを最小限に抑える」という視点から、予防法務に注力している。労働問題あるいは事業承継においてコンサルティングを請け負っているのも、「予防策を普及させたい」という意識からだ。

弁護士を選択するうえで、ひとつの基準になるのが「スピード」だ。一般的に弁護士に相談するとなれば、「①問題の発生→②社員からの報告→③弁護士相談の決定→④法律事務所への電話→⑤相談日の調整→⑥相談の実施→⑦社内へのフィードバック」という流れになる。問題発生から相談まで、あまりにも多くのプロセスがある。しかし、これではスピード感の求められる現在のビジネスにまったく合っていない。

私の事務所では、顧問先からの相談に対して、直ちにビジネスチャットで対応できる体制をとっている。しかも社長だけではなく、担当する社員あるいは税理士を含めたミーテイングを必要に応じて開催する。関係者を一堂に集めて、問題を一気に解決したいからだ。「うちには問題がないから、顧問弁護士なんていらない」という声を耳にすることがよくある。これは弁護士に相談できることをあまりにも限定的に捉えているがゆえの言葉だ。

私の事務所では、「社長法務」と称した、オーナー社長にこだわったサービスを提供している。社長からあらゆる課題について相談を受ける。なかには弁護士で対応できないものがあるが、そういう場合には可能な限り対応できる人を紹介している。「とりあえず何でも相談できる」という弁護士を確保しておけば、後継者としても安心なはずだ。

③社会保険労務士

あらゆる社長にとって、労働事件は精神的に滅入ってしまう問題だ。しかも「働き方改革」という言葉に代表されるように、日々の働き方についての規制も変化が著しい。すべての改正を、社内の人員だけで対応していくことは容易ではない。

そこで、後継者のイメージする組織をつくりだすためのアドバイザーとして、社会保険労務士を確保しておくといい。労働事件を事後的に解決するのが弁護士の役割であれば、労働事件の起きにくい環境をつくるのが、社会保険労務士の役割と言えるだろう。

私の事務所では、経営者側に立って労働事件に取り組んでいるため、日頃から社会保険労務士とおつきあいすることが多い。優秀な社会保険労務士が関与している会社の場合、仮に問題が起きたとしても、スムーズに事件処理を進めることができる。社会保険労務士の力量で採用や人材育成にも相違が出てくる。

おそらく「給与計算」などの事務処理的な業務は次第に自動化されていくだろう。だからこそ、「組織づくり」という大局観からアドバイスできる方を手配しておくべきだ。

ポイント！

- **後継者に「経営手腕」を身につけさせるには、失敗経験を積ませること。**
- **「ヒト」「モノ」「カネ」「情報」など事業に関係する資産は後継者に渡す。**
- **先代は後継者のために、士業のアドバイザーを用意しておくといい。**

3 先代が倒れたときに起こり得る問題への対応

〜兄弟、母親、古参社員が後継者を苦しめる〜

兄弟であるがゆえの確執

事業承継の問題は、先代が倒れたときに顕在化する。それまでは仮に問題があっても先代の顔ひとつで押さえ込めていたものが、一気に吹きだすようなものだ。

ここで言う「先代が倒れた場合」とは、亡くなった場合に限らず、事故や病気で判断能力を失った場合も含まれる。典型的な問題となるのが、兄弟間の確執だ。「同じ会社に複数の子どもを入れるべきではない」と何度も耳にしているにもかかわらず、親心から入社させるケースが少なくない。

もちろん、兄弟がうまくバランスをとって、自社を発展させるケースもあるため、一概に危険だとは言えない。**ただし、成功するのは、後継者にならなかった者が、自分の立場を理解してナンバー2として生きることを覚悟できた場合だ。**子どもらを入社させる場合には、先代として自社における序列を明確にしておく必要がある。そのうえで、「社長の方針に合わないなら、辞表を出すように」と厳命しておくしかない。

ありがちな失敗は、とりあえず複数の子どもらを入社させ、様子を見たうえで後継者を決めようとすることだ。ともに働くほど、子どもとしてのかわいさから、先代としても決めることができなくなる。

それまで仲の良かった兄弟に軋轢が生まれてしまう理由は、大別して以下の３つある。

①「兄弟姉妹だからこそ、話せばわかる」という誤解

「本音で話すことが大事」と言われるものの、現実社会において本音で話せる機会などないに等しい。実際には立場の異なる相手の心情に配慮しながら、言葉と行動を選択し、妥協点を見いだすことになる。いわば「ホンネとタテマエ」ということだ。

これはもちろん経営においても該当する。社員から何か要望があったときに、頭ごなしに否定すれば、すぐに離職することも珍しくない。腹が立っても、社員の意見を聞きつつ、

解決案を見いだすようにしていかなければならない。兄弟の場合には、こういった配慮が「家族だから」ということで、十分に機能しないことがある。

当事者としては、「納得できないことがあっても、本音で話し合えばわかり合える」と錯覚している。しかし、家族だからといって、本音で話せばわかり合えるものではない。むしろ普段の暮らしで本音をぶつけられることがないため、面と向かって言われると、カチンとくる。言われた側も、感情的になって本音を繰りだすことになる。こういった感情的な対立になってしまうと、話し合うほど亀裂が拡大する。

何かを解決するための対話が、いつのまにか相手を屈させるための対立になってしまう。

いったん生じた亀裂を事後的に修復することはかなり難しい。

②兄弟という立場にあるため、「会社内における地位が社長と同等である」という誤解

企業の組織論として、いろいろなものが提唱されている。組織の組み立て方に「唯一絶対の正解」といったものはない。それぞれの会社の規模、ビジネスモデル、あるいは文化によって異なる。それでもオーナー企業においては、やはり社長を頂点にした組織を基本にするべきだ。指示系統が一本だからこそ、社員としても自分が従うべき指示がわかる。

それにもかかわらず、兄弟が社長に対して対等な立場で意見を言ってしまうと、実質的に指示系統が複数発生してしまうことになる。これでは社員としても、いかに動けばいいかわからず、困惑する。

しかも、後継者でない親族が一部の社員を取り込んで、派閥のようなものを形成してしまうことがある。こうなると社員も分裂してしまい、ギスギスした人間関係が社内に広がってしまう。あるメーカーでは、社長の弟があらぬ噂を広めた挙句に、一部の社員を引き連れて独立してしまった。

③世間体

「世間からの視線」は目に見えないものではあるが、一度意識すると、気になって仕方なくなるものだ。ときに人を狂わせる。

「いつまで働いても、専務のまま」「社長の子ではなく、自分の子に継がせたい」という感情がどこかで生まれるのは、むしろ自然なことだ。「自分は死ぬまで兄に尽くす」という人は、滅多にいない。

逆に言えば、社長になった者は、こういった「兄弟の内心への配慮がきちんとできているか」を自問していただきたい。「弟はいつも支えてくれる」と甘えるばかりでは、足をすくわれることになりかねない。

ある会社では、先代が早くに亡くなり、兄弟が支え合いながら事業を展開していた。当初はうまくいっていたふたりであるが、事業が安定してくると次第に隙間風が吹くようになってしまった。対外的な危機がなくなると、社内政治に意識が向いてしまう。弟は、会社における立場について、妻からいろいろ意見を言われるようになったようだ。すなわち、いつまでも周囲から「いい人」とだけ評価されるのでいいのかと。結果として、兄弟関係は感情的な対立に発展し、弟は不本意ながら会社から出ていくことになってしまった。

冷酷な意見かもしれないが、家族間で感情的な対立が発生したとき、法律論でどうにか修復できるものではない。外形的には解決できたとしても、また別の問題を生みだすばかりで本質的な解決にはならない。いずれか一方が会社から離れることでしか、抜本的な解決にならないケースが多い。

このとき、退職する側から高額の退職金を請求されることがある。社長からすれば、「兄弟だからといって甘えている。他の社員との整合性がとれない」と反対したくもなるであろう。さりとて立ち去る側としては、「自分は身内に排除された」という感情がどうしても残ってしまう。後継者は、こういった兄弟の犠牲の下で事業を営むことがあるのも事実だ。せめて退職時には、相手の要求にできるだけ応じたほうがいい。

立ち去る側が自社株を保有している場合には、これもすべて買い取るべきだ。自社株の価格についても、あまり交渉をしないほうがいい。価格で交渉して「それなら売却しない」となれば、いつまでも会社の経営に口を挟んでくることになりかねない。立ち去るときには、事業に関することはすべて整理させるようにしておくべきだ。事業から完全に離れることで、いったん傷ついた人間関係も修復させやすい。

もっとも、場合によっては、年齢や経験からいって、退職して別の仕事をすることが難しいということもあるだろう。そういう場合には、自社の事業の一部を切り分けて、別会社を設立させたうえで、社長に据え置くこともひとつの方法だ。事業の一部を切り分けるのが難しければ、資産管理会社のようなものであってもいい。

大事なのは「社長」という肩書きを用意してあげることだ。本社に籍を置かせず、「グループ会社のトップ」というかたちで任せることで、適度な距離感を保ちつつ、生活を支えることになる。

足かせとなる母の助言

事業承継における親族間のトラブルは、なにも兄弟間だけで発生するものではない。**後継者と先代の妻、つまり母親とうまくいかずに困ってしまうケースもある。**兄弟と違って、社長の椅子を狙って後継者と母親が対立するということはない。むしろ母親としては、後継者を支えて自社を守ろうとするものだ。ただ、会社の守り方がときに後継者にとって疎ましくなる。

先代が亡くなれば、たいていの場合、先代の妻ではなく子が社長として事業の采配を振ることになる。後継者が若い場合は、一時的に先代の妻が社長になるものの、実質的には後継者が現場を仕切ることが多い。女性にも経営手腕が優れている方がいらっしゃるが、個人的な経験から言って、先代の妻がいきなり経営の最前線に出て、ひとりで采配を振るのはあまり見たことがない。年齢的な課題もあるうえに、なにより経営に本格的に関与したことがないため、「いざ社長を」と言われても、対応に苦慮してしまうだろう。

オーナー企業においては、社長の妻が会社の経理を担当していることが珍しくない。社長としては、「もっとも信用できる人物に会社のカネを管理させよう」という判断からであろう。こういった判断こそ、事業承継におけるトラブルの原因になる。

長年にわたり経理を同じ人が担当していると、いつのまにか「カネの管理が特定の人にしかできない」という事態になる。しかも長年にわたり担当しているため、他の業務をすることができなくなり、「誰かに教える」ということにも消極的になってきてしまう。自分の存在意義を失いかねないからだ。結果として、「その人にしかできない経理」ということになって、実質的に会社のカネの動きを掌握することになる。

中小企業でバックオフィスのＩＴ化が進行しない大きな理由が、ここにある。ＩＴ化を推進するには、現在の業務内容をまず棚卸しして確認する作業が必要である。担当者は、ＩＴ化によって自分の仕事が失われることを恐れるあまり、既存のシステムに固執して、新たな仕組みを導入することを断固拒否する。こういった傾向は、経理を妻が担当していたら、なおさら強い。妻として夫である社長に気兼ねせず、物を言うことができるからだ。

妻は「早く自分の業務を誰かに引き継ぎたい」と口ではこぼしつつ、自分の存在意義が否定されないよう、周囲の人材をなかなか育てていかない。後継者は、母親の代わりに自分の妻に経理を担当させたい。そこで、子育てをしながら、妻には経理担当者としてまずは会社に関わってもらうことがある。このとき、ちょっとしたことで、母親と妻の間に感情的な対立ができてしまうことがある。後継者は、母親と妻の板挟みになってしまい、対応に悩む。こういうときは、無理に仕事を引き継ぎさせようとすると、たいていうまくいかない。いったん、後継者の妻に仕事から離れてもらうことが多い。

ある会社では、後継者の妻が夫の曖昧な態度に激高し、夫婦関係の修復に相当の時間を要してしまった。妻としては、単に義母と性格が合わないだけでなく、夫である後継者が自分を守らなかったことが不信感になったようだ。人間は難しい。

他にも、先代の妻が会社のカネを管理しすぎてしまうことによる弊害もある。あるサービス会社では、先代が亡くなり、長男が社長になった。先代の妻は、会長として残っていた。問題は、先代の妻が会社の印鑑と通帳をすべて自分で保管し、後継者に渡さなかったことだ。後継者は、新しいことを始めようとしても、いつも母親の了承が必要であった。しかも、母親は、新しいことに対して極端に消極的だった。「そんなお父さんがしていないことをはじめてどうするの。うまくいくのかわからないことに投資すべきではない」と言われるばかりだった。これではいったい誰が社長なのかわかったものではない。

社長は、カネとヒトを自分の判断で動かすことができるからこそ、社長である。そのカネを自由に動かすことができないとなれば、社長とは言えない。後継者が母親の顔を立てつつ、通帳と印鑑を渡すように説得しても、「お父さんのときから私が管理していました。お父さんの会社を守らないといけない」ということで、一向に渡すことがなかった。結果として、社員も「カネを掌握している人＝偉い人」ということで、会長の顔色ばかりうかがうようになってしまった。先代の妻としても、悪くない気分でさらに問題を複雑なものにしてしまった。

先代の妻としては、「夫の会社をなんとか守らなければならない」という意識が強すぎた。これまで経営に実質的に関与したことがないため、会社の資産を守ることを家計の延長線上で捉えていた。つまり、出費を抑えることこそが、彼女にとっては会社を守ることであったわけだ。ここに大きな間違いがある。

事業は、家計の延長線上にあるわけではない。事業は、投資をしてこそ、発展させることができる。もちろん、すべての投資が成功するわけではない。むしろ、成功する投資のほうが少ない。それでも投資をし続けるからこそ、成功の機会を手にすることができる。変化の激しい現在においては、既存の資産価値を維持するだけでは、企業は自ずと衰退していく。気がつけば、取り返しのつかない状況になっていることもある。

先の事例では、先代の妻を説得して、なんとか印鑑を渡してもらえたからよかった。それができなかったら、今でも後継者は何かするたびに、母親の顔色をうかがわざるを得なかったであろう。

社長は、自分の配偶者を会社の経理担当者にしていたら、代替わりを契機に、別の者に変更するべきだ。このとき、頭ごなしに変更を指示すると、配偶者としても自分を否定されたようで腹が立つ。「自分もそろそろ引退を考えている。これを機会に経理担当者も変更していこう」と話を広げていくことが穏当である。

大手を振る古参社員

多かれ少なかれ、あらゆる後継者は「社員との関わり方」について、悩みを抱いているものだ。労働事件までにならずとも、後継者の指示に従ってくれないストレスを抱えている。こういった傾向は、とくに古参社員において見受けられる。

ある加工会社では、先代が引退を表明したときに、右腕だった者も引退を表明したそうだ。「自分がいれば後継者もやりにくいだろう」という配慮からだった。こういったケースは珍しいが、自分の立場を冷静に見極めている凄みがある。

後継者が古参社員との関係に悩むのは、圧倒的に相手が知識と経験を有しており、事業

を維持するために無下にできないからだ。強く言い過ぎると、機嫌を損ねて退職してしまうかもしれないと危惧するばかりに、お茶を濁したようなことしか言えない。古参社員としては、後継者が強く言えないとわかると、余計に横柄な態度に出てしまう。

ある製造業の会社では、先代が急逝し、長男が事業を引き継ぐことになった。しばらくすると、長年にわたる取引先がいきなり契約を切ると言いだした。後継者にとっては青天の霹靂であった。調べると、先代が亡くなった後に定年退職した古参社員が、別会社を設立して取引先を奪おうとしていたことが発覚した。この古参社員はまさに先代が手塩にかけて育ててあげた社員であった。「あれほど夫が助けてあげたのに」という先代の妻のショックは著しいものであった。この事案では、契約の維持を求めた裁判をして、金銭的に解決することができた。それでも契約自体は終了してしまった。

人の問題は「こうすれば解決する」というものがない。どうしても感情的な要素が含まれてしまうからだ。後継者としても、自力で解決することができないため、先代が事前に対策を打っておかなければならない。具体的には、以下のようなものだ。

①社員の意識を後継者に向けさせる

まずは、社員の意識を後継者に向けさせることだ。そのためには、先代が社員に対して直接的な指示を出してはいけない。社員としては、実績のある先代から指示を受けることが手っ取り早く確実だ。先代としても、意見を求められればうれしくなる。されど、指示を出すほど、社員から後継者への意識は薄くなってしまう。**自分が引退するときには、「古参社員を中心に、後継者を支えてほしい」ときちんと自分の言葉で説明するべきだ。**「きっと支えてくれる」というのは、単なる希望的観測でしかない。人は、頭を下げられると、無下にはできないものだ。

②問題社員がいたら解決する

仮に「社内に問題社員がいる」と判断した場合には、先代の下でなんとか解決しておくべきだ。後継者に対応させるのは、あまりにも負担が大きい。問題社員について指導で改善できればいいが、実際にはうまくいかないケースも少なくない。仕事はできるものの、協調性が欠如して、職場全体の雰囲気を壊してしまう社員もいる。限られた人員しかいない中小企業では、配置転換にも限界があるであろう。そうなれば、社長としては、社員に退職を勧めるのも、現実的な解決方法のひとつだ。

「合わない」と感じる職場で働き続けることが、労使双方にとっていい結果になるとは限らない。むしろ社員の能力は、他の職場でこそ、花開くこともある。退職金の上積みなど、然るべき経済的配慮を考慮したうえで、退職を勧めていくことも選択肢として検討するべきだ。

③賃金を見直す

後継者を悩ますものが、人件費の負担だ。人件費は、企業にとって最大の経費であるが、社員にとっては生活の糧である。社長としては、社員のために「できるだけ賃金を多く支払いたい」と願うものの、なかなか実現できるものではない。

とくに基本給は、いったん上げてしまうと、下げることが簡単にできない。また採用難から安易に初任給を上げてしまうと、既存社員の賃金も見直さなければ、反発を受けることになる。さらに初任給だけを採用のインセンティブにすると、「賃金だけで選択した」という申込者が相対的に増えてくる。こういった者は「社員一丸になって頑張ろう」という社長の方針を冷めた目で見がちだ。

また、オーナー企業においては、「社員の賃金テーブルがないか、あるいは見直しがまったくなされていない」というケースがあまりにも多い。「賃金はどうやって決めているのですか」と質問すると、「先代が決めた基準のままで」「なんとなく他の会社の様子を見ながら」といった曖昧模糊《あいまいもこ》とした回答がなされる。賃金に戦略がない。これでは、どこの会社も同じようなものになってしまい、比較検討のポイントが単に「目の前の賃金の多寡《たか》」というだけになってしまう。

事業承継を検討する際には、後継者を含めて、賃金テーブルの見直しを実行していただきたい。基本給の見直しには、専門的な知見も必要であるため、弁護士や社会保険労務士といった専門家のアドバイスを受けるべきだ。賃金の見直しは社員の手取りに影響するため、慎重に事を進める必要がある。数年にわたるプロジェクトになることも珍しくないため、早めに取りかかるべきだ。

④退職金を見直す

賃金に関連して、社員の退職金も再検討することになる。社歴の長い会社の場合、退職金規程は好景気のときに作成されたままということがある。自ずと事業が成長することを前提にしているため、現在の基準に比較して、相当高額になる傾向がある。しかも、少子高齢化で定年引き上げが求められる現在は、退職金規定が作成された当時と社会状況が大きく異なる。

ある後継者からは「退職金規程に基づいて試算したら、あまりにも高額になった。これほど支払える余力がないのだが」と相談を受けたことがある。退職金は、定期的に支払うものではないため、具体的な負担額を想定していないケースが少なくない。「仮に現時点で社員がすべて退職したら、いくらになるか」を試算してみることをお勧めする。おそらく想定しているよりも高額となり、驚くかもしれない。そうなれば、見直しを真剣に考えるべきだ。

⑤後継者の右腕を育てておく

もうひとつ、先代にて配慮していただきたいのは、後継者の右腕になる人物を育てておくことだ。できれば、後継者と同じくらいの年齢の人物がいい。社長になれば、自ずと多忙になり、社員からの申し入れのすべてについて自ら対応することが難しくなる。利益は会社の外にしかない。だからこそ社長は、自ら外に出て行かなければならない。そこで会社を支える番頭的な役割の人物が必要になる。社長と社員の緩衝材のような存在だ。

事業経営がしっかりしている会社には、たいてい社長を支えるナンバー２の存在がある。**ナンバー2になるためには、社長を支えることについて独自の美学が求められる。ひたすら社長に尽くすのではなく、ときに厳しい意見も言えるような人物でなければならない。**こういったナンバー２は、後継者が自分で見つけだして育成するのは容易ではない。社長として、どのような人物に頼るべきかわからないからだ。だからこそ、先代が自分の経験からナンバー２を選びだし、育てていくべきだ。

ポイント！

- **兄弟に会社を継がせる場合は、先代が序列を明確にしておくべきである。**
- **母親が経理担当だった場合、弊害を除くために、交代させるべきである。**
- **古参社員の跋扈《ばっこ》を回避するために、先代は予め対策を打つべきである。**

第3章

トラブルを招かない自社株譲渡の方法

会社の支配権とは、つまるところ「自社株をいくら確保できるか」によって決まる。いかに経営手腕が優れていても、自社株を保有しておかなければ、いつ代表取締役を解任されるかわからない。実際、経営手腕がなくても、株主に取り入って社長になってしまう者がいる。それがオーナー企業の怖いところでもある。だからこそ、自社株については、徹底的にこだわらないといけない。

本章ではまず、「自社株の重要性」について説明することからはじめる。いかに自社株が重要だといっても、カタチのあるものではないため、一般にはイメージしにくいものだ。しかも、自社の経営に関わらない者にとっては、自社株はなんら価値を生みださない場合が多い。**自社株は「誰が保有するか」でまったく意味が異なる。**これが非上場会社における株式の特徴である。

こういった自社株の特徴は、経営権の争奪戦について事例を確認したほうがわかりやすい。争いを追体験することで、カタチなきものの重要性を改めて理解することができるだろう。そのうえで、次に「いかにして後継者に自社株を集約させていくべきか」について概略を解説していく。後継者には、発行済株式数の4分の3以上を集めるようにするべきだ。多ければ多いほど、経営判断のスピードは増していくことになる。

後継者には、自社株を集約させるべきではあるが、すでに分散している企業もある。親族あるいは古参の社員が、経営には関わらずとも、株主として名を連ねていることもある。配当を提供するだけの関係が、いつまでも続くとは限らない。いつ物言う株主が出てくるかわからない。あるいは株主と思っていたら、すでに相続が発生して、誰が株主なのか不明な場合もある。**事業承継を契機に、株主名簿を刷新し、「いったい誰が自社の株主なのか」を確認していただきたい。**そのうえで、先代は将来のために、分散した自社株を再度集めていくことになる。分散した自社株を集めるのは、想像以上に難しい。

最後に「贈与」について説明する。先代から後継者に自社株を譲渡する方法には、様々なものがある。もっともシンプルな方法が、生前の贈与だ。「贈与」という言葉は、決して珍しいものではなく、社長であれば誰でも聞いたことがあるはずだ。されど、「贈与とは何か」について、じっくり考えたことはあまりないかもしれない。

贈与は、古くて新しいものだ。安易に実行すると、かえって親族間に不平等が生まれ、対立を引き起こす。一方、戦略的に実行すれば、相当の効果を生みだすことができる。贈与をはじめ、ありふれたものを深く考えてこそ、実務で役立つスキームができあがる。新しいものは魅力的に映るものの、新しいがゆえにリスクもはっきりしない。思わぬところでつまずいてしまう。

たかが贈与されど贈与。社長として「与える者の美学」について考えていただきたい。

1 後継者にとって、自社株の過半数確保が最重要である理由

~先代が事業承継前に絶対にやらなくてはならないこと~

誰が自社株を持つかで、その価値は変わってくる

役員人事を含めた会社の重要事項は、最終的に株主総会における決議によって決まる。**だからこそ、事業承継においては、「後継者が自社株をいかに確保できるか」が、決定的な意味を有する。**経営手腕の有無と経営手腕を発揮することの可否は、必ずしも一致しない。

いくら優秀な後継者であっても、過半数の自社株を確保しておかなければ、他の株主から裏切られて、解任されてしまう。こういった事態は決して珍しいものではない。自社株は、後継者を輝かせるだけではなく、排除するときもある。だからこそ、社長は慎重に自社株を扱わなければならない。「この人が株主なら大丈夫だろう」という安易な発想は持た

ないほうがいい。人は、ちょっとしたボタンの掛け違いで対立しかねない存在だ。

非上場会社の自社株は、市場で自由に売却できるものではない。そのため、経営に関与しない者にとっては、紙切れと同じものだ。仮に経済的な価値があったとしても、配当金くらいであろう。

しかし、経営に興味を抱く者にとっては、自社株は輝きを持つことになる。とくに後継者にとっては、自分のこれからの地位を安定させるものであるから、なんとしてでも手に入れたい。あるいは「会社を乗っ取りたい」とする者にとっても同様だ。手放す側としても、そういった事情がわかるからこそ、高額な提案をしてくることがある。**自社株は、それを誰が保有するかによって、まったく価値が異なるところに特徴がある。**カタチがなく、色もない自社株は、その価値を常に変化させつつ、関わる人の人生を狂わせる。

ある知人が、パートナーと共同でサービス会社を起業することになった。「将来において経営方針に違いが生じるかもしれない。あなたがすべて出資したほうがいい」とアドバイスをしたものの、聞き入れてもらえなかった。それぞれが50％の株式を持った状態で経営をはじめた。事業は想定していたよりも、かなり上振れをしていた。儲かるほど、ふたりの経営方針の違いが明確になった。

気がつけば、何をするにしても、口論になるような状況に陥った。それぞれが過半数の株式数を確保していないために、役員の解任と選任すらできず、「現状のまま」という他に選択肢がなかった。問題の解決のためには、いずれかが会社から離れるほかにない。双方に「自分がつくり上げた会社」という自負があったために、話し合いは一向に進まなかった。現状に耐えられなかった知人は、社員の一部を連れて、別の会社を遠方で立ち上げることになった。

このように、**特定の人が圧倒的な株式数を確保していない場合には、「何も決められない」という悲惨な状況に陥ることがある。**

似たようなケースとしては、自社株を100%保有していたオーナーが亡くなり、遺言もなく、子ども2名が相続するような場合もある。子どもらとしても、経営に情熱を抱くほど、相手の存在が疎ましくなる。しかも株式数が足りず、現状を変えられないことに、憤りを募らせることになってしまう。ちなみに50対50の状況がどうしても解決されない場合には、裁判で会社を解散させることになる。だが、これをやってしまうと、会社を失うことになり、何を求めて争ったのかわからなくなる。

ある福祉関係の会社では、後継者である長男が40%、次男と長女が各30%の自社株を保有していた。長女は、会社で長年にわたり経理を担当していた。長男の経営手腕はすばらしく、事業の規模も大きくなる一方であったが、同時に長女をはじめとした周囲へのあたりも強くなった。

長男は、次男と長女に対し、「自社株を渡せ」と執拗に求めたものの、次男と長女は「父が遺《のこ》してくれたものだから」ということで死守していた。あまりにも長男の横暴が過ぎるために、次男と長女は意を決して、「（長男の）態度が変わらないなら、解任する」と詰め寄った。長男としては、兄弟に裏切られたように感じつつも、自分の地位を失うことの恐ろしさから、不本意ながら意見を聞くようになった。もちろん、本音ではどのように感じていたかわからない。

こういった後継者の暴走は、ときに耳にすることがある。株主である他の家族ですら、「兄に刃向かったら、どんな報復をされるかわからない」と恐れていた人もいた。**後継者が自社株を持ってしまえば、「暴走を止める人がいない」というリスクは当然出てくる。だからこそ、後継者の人格形成が重要になってくる。**

「過半数の株式を確保しておけば、安泰」というものでもない。事業承継対策として、種類株式の活用が語られることがある。

たとえば、議決権のない株式にして、経営への関与を排除しようとするような場合だ。この種類株式を発行するためには、通常であれば、株主総会における3分の2以上の特別決議による定款変更が必要とされる。単に過半数の同意で定款変更ができるわけではない。3分の2以上の株式を確保しなければ、種類株式を発行できない場合もあり得る。

種類株式は、将来における対策としては意味があるが、すでに株式が分散している場合には、導入が容易ではない。「議決権のない株式にしたい」と提案すると、他の親族から「一族のものである会社を牛耳ろうとしているのではないか」と反発を受けた社長もいる。

自社株は、会社法の知識と一体化すれば、少数でもいろいろなことをすることができる。

たとえば、オーナー企業では、株主総会を開催していないこともある。株主総会議事録も役員登記のために用意された書類にサインしたものしかないという会社もあるかもしれない。こういった経営姿勢は、あまりにも危険だ。社長としては、「自分の会社だから、形式にこだわる必要はない」と考えているのだろう。さりとて、一部の株主が社長に反旗を翻して、「株主総会の招集通知が来ていない」「株主総会なんて開催されていない」と主張して、裁判を起こしてくることもある。これでは、決議がなされていないとされ、事業に混乱を招くことになりかねない。他にも会計帳簿閲覧を要求されることもある。いくら社長が会社の財務状況を知られたくないといっても、法律に基づき請求されたら、理由がない限り拒否できない。一部の株主からあらゆる権利行使をされて、対応することだけで相当の手間を取られている会社もある。

「わずかな株式だからいいだろう」というのは、思わぬところで足を引っ張られることになる。「絶対にすべての株式を集める」という決意が自由な経営をするために必要である。

シンプルなものこそ価値がある

事業承継においては、様々な手法が提案される。別会社を設立したうえでの自社株対策を検討する場合もある。最近では「信託」を利用した事業承継のスキームも目にするようになってきた。

それぞれの手法には、もちろんメリットがあるからこそ提案されている。ただ、すべての手法には、自ずとデメリットもある。信託にしても、設定についてミスをすれば、事後的に裁判で否定されることがある。これではいったい何のために費用をかけて対策を打ったのかわからない。**すべてを解決できるような方法はおそらくない。それぞれの手法のメリットとデメリットを比較考慮しながら、全体としての最適解を模索していくのが現実的**

な姿勢である。

危険なのは、デメリットを理解しないまま、言われるがままに複雑な手法を採用してしまうことだ。複雑な手法になればなるほど、コストもかかるうえに、どこにリスクがあるのかわからなくなる。安全とは「リスクがわかりやすい」ということだ。リスクがわかれば、自ずと注意するべきところがわかる。**だからこそ、事業承継は、できるだけ誰にでも理解できるシンプルな対策を基本に据えるようにするべきだ。**複雑な手法は、必要な範囲で取り入れるくらいの発想が相当だ。

ここで言う「シンプルな方法」とは、贈与、売買、相続及び生命保険になる。いずれもありふれたもので、目新しさはどこにもない。だが、普遍的なものほど、ありふれたものだ。むしろ、ありふれたものを静かに深く観察してこそ、新しいものを見つけだすことができる。静かに深く観察する機会がないからこそ、目新しいものに惹きつけられ、失敗してしまうことがある。

先代から後継者に自社株を譲渡する方法としては、贈与、売買及び相続が、一般的には想定される。それぞれの手法のメリットとデメリットを整理したものが、図表4である。そのため、**理解していただきたいのは「いずれの方法も完璧なものではない」ということだ。**

図表4　自社株譲渡における「贈与」「売買」「相続」のメリットとデメリット

	贈与	売買	相続
メリット	①対価が不要 ②手続きとして簡便	①遺留分のリスクなし ②売主に現金が残る	①売主は亡くなるまで自社株を保有できる
デメリット	①贈与税の負担 ②特別受益の指摘 ③遺留分のリスク	①対価が必要 ②所得税の負担便	①死亡日はわからない ②相続の争い
対策	贈与契約書の作成	売買契約書の作成	公正証書遺言
後継者の負担	贈与税	買取代金	相続税

全体としてのバランスをとりながら、複数の手法を混ぜ合わせ、解決案を組み立てていくことになる。

それでは、贈与、売買及び相続における特徴を簡単に整理していこう。

まず、時間軸で整理した場合には、贈与及び売買は、先代が気力・体力の十分なときに譲渡するものである。これに対して、相続は、先代が亡くなったときに譲渡するものである。

次に遺留分との関係で整理する。遺留分とは、相続において「親族の一部に認められた最低限の取り分」としてイメージしてもらえばいい。遺言でいかなる内容を記載しても、法律で認められた者には、遺留分が認められている。

この遺留分については、令和元年（2019年）7月に改正があった。改正を前提に話を進めていく。自分の遺留分が侵害されたとされる相続人は、「遺留分侵害額請求」という形式で、他の相続人に対して、金銭の支払いを要求することができる場合もある。しかも亡くなる前10年以内に贈与されたものも含まれる。

イメージしやすいように、父が亡くなり、長男（後継者）と次男がいたとしよう。父は亡くなる3年前に、自社株100株を長男に贈与していた。この状態で「すべての遺産を長男に相続させる」という遺言と3000万円の預貯金を遺して亡くなったとする。

相続発生時の自社株100株の価値を5000万円とする。このとき、次男の遺留分は、4分の1である。そのため、次男は、長男に対して、（相続時の財産3000万円＋自社株100株の相続時の価値5000万円）×4分の1＝2000万円の支払いを請求することができる。

遺留分の算定における自社株の評価は、贈与時ではなく、相続時の価値に基づく。**贈与や相続の場合には、遺留分についても配慮しなければ、後継者の手持ち現金が一気になくなるリスクがある。**これに対して、自社株を売買で購入した場合には、遺留分の対象にならない。

なお、中小企業の事業承継については、「遺留分制度の特例」というものがある。この特例を利用することで、後継者が先代から贈与を受けた自社株について、遺留分の対象財産から除外する、あるいは遺留分算定において評価額を固定させることができる。これらにより、遺留分侵害額請求のリスクを低減させることができる。もっとも、特例の適用には「非後継者の書面による合意が必要」などハードルは低くない。詳細については、専門家に確認していただきたい。

中小企業では、贈与と相続を併せて自社株の譲渡を実行しているケースが多い。遺留分のことを考慮すれば、後継者が先代から購入するのが最適だが、簡単には実現しない。**後継者に自社株を買うだけの資力がないからだ。**「それなら安く買えばいい」ということにもならない。本来であれば、売買における価格は、当事者の合意によって決めることができる。だが、自社株の実質的な価値を離れて、あまりにも低額で売買することができるとなれば、容易に課税を回避することができてしまう。そのため、実体とかけ離れた金額で売買をすると、贈与税が課税されることがある。

たとえば、時価１億円の自社株を１０００万円で売却すると、差額９０００万円について贈与税が後継者に課税される可能性がある。自社株を売買する場合には、相当な価格について、税理士の意見を聞かなければならない。

こういった自社株譲渡については、事前に取引銀行に計画を説明しておくといい。融資先の事業承継は、銀行としてもっとも興味があるところだ。さりとて、家族間のナーバスな問題も含んでいるため、「どうなっていますか」とダイレクトに質問しにくいところもある。だからこそ、社長から計画を提示されると安心する。事業承継について日頃から説明しておくことで、先代の連帯保証人の解除についても、自然に話を切りだすことができる。「連帯保証人の責任を制限していこう」というのが世の中の潮流である。

さりとて、「社長を連帯保証人に据え置く」というシステムは、これからも当面は続くであろう。**連帯保証人の解除については、社長サイドから積極的に提案していこう。**すぐには難しくても、何がそろえば解除してもらえるかについてわかるだけでも意味がある。何事も自分から動きださなければ変わらない。

自社株の評価をコントロールする

繰り返し説明をしているが、事業承継において、もっとも大事なことは「自社株を確実に後継者に渡す」ことに尽きる。これがなければ、いかなる節税対策も無駄になってしまう。この原則を押さえたうえで、事業承継におけるコストを考えていく。

自社株の移転に関する税金として、贈与税と相続税に触れておく。自社株を贈与すれば贈与税が、自社株を相続すれば相続税が発生する。こういった税負担は、いずれも対象となる自社株の評価額によって決まる。**自社株の評価額を下げることができれば、贈与税あるいは相続税の負担も軽減させることができる。**だからこそ、社長のなかには「いかに自社株の評価を下げるか」に躍起になっている人もいる。

考えてみれば、不思議なものだ。社長は「自社を発展させよう」と情熱を持って経営をしてきた。情熱を傾けるほど、事業規模は拡大し、自社株の評価も上がってくる。それが社長業の醍《だい》醐《ご》味《み》であったはずだ。それが事業承継となったとたん、「自社株が高すぎる」と悩みだすことになる。発想のベクトルがいきなり１８０度転換するので、困惑する。

贈与税・相続税を算定する場合の自社株の評価方法は、同族性の有無、会社の規模などによって算定されることになる。細かい算定方法は、顧問の税理士に確認していただきたい。**まず、現在の状況における自社株の評価額と自社株を贈与・相続した場合の税負担を税理士に試算してもらうことだ。**現実の数字を離れて自社株対応を議論しても、実感が湧いてこない。しかし、数字を目にすることで、「これはどうにかしないと」という気持ちにもなる。そこからだ。自社株を数字で把握したうえで、自社株の評価を下げる方策について検討していくことになる。

自社株を評価する際には、会社の純資産がひとつの基準になる。純資産が大きくなれば、自社株の評価も高くなる。純資産が小さくなれば、自社株の評価も低くなる。**自社株の評価を下げるのであれば、「いかに純資産を一時的に小さくするか」がひとつの方向性になる。**オーナー企業であれば、基本的に社長の判断ひとつで、自由に会社の資産を処分することができる。つまり、オーナー社長は、自分の判断で会社の資産を変更し、自社株の評価をコントロールすることができるということだ。

上場会社では、株式価格は市場が決めるので、社長が自分の判断で決めることはできない。まさに「神の見えざる手」によって決まることになる。これが非上場会社であれば、自分の判断ひとつで決めることができる。これがオーナー企業ゆえの強みである。**だからこそ、社長は事前に計画を策定して、①自社株を譲渡する時期、及び②自社株の評価を下げる方法を戦略的に組み立てておかなければならない。**これらは車の両輪のようなものであって、独立的に検討しても意味がない。まずは自社株を後継者に譲渡させる時期を決める。そこから逆算して、自社株の評価を下げる方法として、現時点からできることを見定めていくことになる。

自社株の評価を定めるうえで効果的なのは、生前における役員退職金の支払いだ。役員退職金は、一般的に役員としてのこれまでの功労に対して支払いがなされるものである。社長のなかには「いざというときのために、退職金はあまり取らないつもりだ」と謙抑的な方を目にすることがあるが、「事業の存続」という観点からすれば、必ずしも正しい判断とは言えない。**「いざ」というときのためにこそ、会社資産と切り分けた個人資産を構築しておくべきだ。**会社資産にしていたら、日々の運転資金に利用され、「いざ」というときには、手元にないということになりかねない。

しかもオーナー夫婦にとって、役員退職金は、これからの老後の生活資金になってくる。年金も期待できないため、役員退職金をはじめとした個人資産を取り崩しながら暮らしていくことになる。医療の発達により引退後の暮らしが長くなることが予想されるなかで、老後の生活資金に不安を抱きながら暮らしたくはないであろう。

役員退職金は、大雑把に言えば「(退職金－退職所得控除額)×２分の１」に対して所得税が課税される。所得控除のうえに２分の１にしか課税されない。しかも、分離課税であるため、他の所得とは別に所得税率が適用される。**役員退職金は、退職のときしか取れな**

いという限界があるものの、節税効果が極めて高いからこそ、事前の準備が圧倒的な相違を生むことになる。役員退職金を取れば、自ずと会社の資産は個人に流れ、自社株の評価も一気に下がる。役員の退任と同時に自社株を後継者に贈与させれば、贈与税の負担も相当軽減される。

役員退職金の対策は、①いつ取るか、②いくら取るか、③財源をいかに確保するか、を考えておくことだ。実行には時間を要するため、現時点から税理士と協議して、自社の方針を決めていただきたい。綿密に計算して、社長を退任したときと会長を退任したときの二度にわたり役員退職金を取得している方もいる。すべては戦略だ。

その他にも、自社株評価を下げる方法はいろいろあるが、手をつけやすいものとしては、「不良資産の処分」があるだろう。典型的なものとしては、いつまでも売ることができない不動産が挙げられる。利用されない不動産は、自社においてキャッシュが寝ている状況である。キャッシュフローを改善して経営の効率化を実現するには、利用しない不動産を処分する必要がある。されど、人はいったん手に入れたものの価値を高く評価する傾向がある。そのため、「今売却したら損をする」「いつか上がるかもしれない」と理由をつけて、売却できない。

だが、不動産は持っているだけでも「固定資産税」や「管理費」といった名目で、現金が会社から出ていく。利用しないなら、いっそ帳簿価格より低くても、売れるときに売ってしまうべきだ。売ってしまえば、売買代金がキャッシュとして会社に入る。損失を出せば、法人税の負担は軽減され、自社からのキャッシュアウトを抑制できる。しかも「特別損益」として計上することで、自社株の評価を下げることもできる。

このように、社長は、キャッシュフローを含めた経営の全体を見ながら自社株の譲渡を進めるべきだ。「ある資産で儲かるかどうか」という狭い視界のなかだけで判断するべきではない。

ポイント！

- 後継者が過半数の自社株を有していなければ、何も決められなくなる。
- 自社株譲渡にはいくつかの手法があり、状況に合わせて組み立てていく。
- 自社株の評価を下げることで、後継者の税負担を軽減することができる。

2 社外に自社株が分散している場合、どのように集めていくか

～株主名簿がない場合、思わぬ手間とコストがかかることに～

株主名簿をアップデートする

「自社の株主は誰か」と質問されて、「それは自分だけだ」と即答できる方は幸せだ。実際には、自社株が分散してしまって、対処に苦慮している社長が少なくない。後継者に自社株を譲渡しようにも、自社株が分散して思うように進めることができない。自社株が分散していると、他の株主が結託して後継者を排斥するかもしれない。**自社株の整理は、現在の株主構成を確認することから始まる。**

経営に関与しない者が株主として名を連ねるのは、相続をはじめ、様々な理由がある。そのなかでよく見受けられるのが、「発起人制度」の名残である。かつては株式会社を設立す

る際、一定数の賛同者が必要とされた。つまり、社長ひとりだけでは、いくら資産があっても、会社を設立することができなかった。そのため、やむを得ず、創業者の親族、知人、あるいは当時の社員に株主として名を連ねてもらうことになった。社歴のある会社ほど、自社株が分散している理由には、こういった制度的な問題もある。

社長と他の株主との人的関係が維持されているときは、株主が分散していても特段の問題はない。他の株主にしてみても「配当さえもらえれば」というくらいの軽い気持ちだろう。社長としても「株を売ってくれと言えば、いつでも手放してくれる」と安易に捉えてしまうこともある。**だが、些細なことで人間関係に亀裂が入ってしまうと、平穏な関係はすぐに終わる。あるいは時間が経過して、社長あるいは株主に代替わりが起これば、見知らぬ他人同士ということにもなりかねない。**

あるメーカーでは、創業当時からいた古参社員が株主として名を連ねていた。創業者が急に倒れて、後継者が社長に就任したものの、当該社員が何かと反発して問題を起こしていた。後継者は、勢いで解雇をしてしまい、裁判に発展してしまった。相当の金額を支払うことでなんとか相手に退職してもらったそうだ。ここで一安心かと思っていたら、話は続いた。それからというもの、件《くだん》の相手とは音信不通だったものの、将来のことを考えて自社株の売却を提案した。すると相手からは「絶対に売却しない」という回答がなされた。本来であれば、労働事件の際に自社株の処理も含めた解決をしておくべきだったのである。せっかくのチャンスを失ったために、後継者はいつまでも分散した株式について、悩むことになってしまった。

そのほか、珍しいケースとしては、そもそも会社の設立が多数の地域住民の出資の下でなされたような場合がある。この場合には、数十名が株主として名を連ねることもある。これほど株主が多いと、株主の管理をするだけでも、相当なコストがかかる。

そもそも生死すらはっきりしない株主もいる。「株主を整理するのは大変」ということで、先延ばしにしていると、相続が発生して、さらに株主が増える可能性もある。費用をかけてでも、株主を減らすために早めに動きだすべきだ。

分散した株式を長期的に集約させる場合には、相続時における売渡請求を定款に加えることもある。これにより、株主が亡くなったときに会社が相続人から強制的に自社株を買い取ることができる。便利な方法ではあるが、導入によるリスクもあるため、専門家の意見を聞いたうえで、導入の可否を検討していただきたい。

株式会社であれば、株主名簿をそろえておく必要がある。さりとてオーナー企業では、こういった売上に直結しない事務手続について疎かになりやすい。「自分の頭に入っている」というだけでは意味がない。**誰がどれほどの株式を保有しているのか、株主名簿で定期的に確認しておくべきだ。**こういった「誰が株主であるか」をめぐって、ときに争いに発展することがある。

あるサービス業の会社では、取締役の選任に関して、特定の株主が有する株式数について争いがあった。株主の主張する株式数と会社の主張する株式数が異なっていたのだ。いずれの主張が採用されるかによって、誰が取締役になるか、もっと言えば誰の会社であるのかが決まる重大な争いになった。

この会社では、これまで株主名簿というものを意識して作成したことがなかった。社長は、自社の税務申告の附属書類のなかに株主名と株式数の記載があることを根拠に、強気に出ていた。もっとも、附属書類の記載は、同族性の判定のために記載されているだけであって、株主構成の正確性を担保するものではない。つまり、「附属書類にこう記載されている」というだけでは、「誰が株主なのか」はわからないということだ。

当事者間で株主構成に争いがあれば、過去の株主総会議事録などから確認していくしかない。株主総会議事録などを用意していなければ、株主の変動を確定することは相当難し

い。先の事例も、株主総会議事録がないために、争われることになった。場合によっては、決算書の附属書類の記載が間違いであるとして、会社の主張が否定されることもあり得る。こうなると、株主構成という事業の前提が崩れてしまうので、混乱を来すことになる。

株主名簿を見直すうえでは、株主の生存から確認していく。株主数の多い会社では、知らぬ間に株主が亡くなって相続が発生していたというケースも珍しくない。相続人が連絡をしてくれたらいいが、非上場会社の場合には遺産のなかに株式が含まれていることを相続人が認識していないことも少なくない。会社から指摘され、「株主だったのか」と相続人もはじめて知ることになる。相続人同士で話がついて、誰が自社株を相続するのか判明すればいいが、相続人間で争いになると、会社としても対応に困ることになる。

あるいは、株主は生存しているものの、すでに高齢で判断能力がない場合もある。このような場合は、株主としての権利行使が難しいことになる。**子どもだからといって、無断で代理人として権利行使をできるわけではない。**実際に株主名簿を整理すると、想定しない事態が発覚するものだ。そういった事実認識があってこそ、物事は動きだす。

自社株については、株券の発行も問題になることがある。株券発行会社でありながら、「実は株券はない」「株券を紛失している」といったこともある。事業承継を契機に、株券不発行会社に変えることもある。株券紛失の場合には、「株券喪失登録制度」というものを利用することになる。いずれにしても、手続には時間を要するため、専門家の意見を聞いて早急に進めるべきであろう。

自社株を売ってくれない株主への対応

親族や古参社員が自社株を保有している場合、自社株を集約させようと考えれば、贈与してもらうか、売ってもらうことになる。よほど人的関係が密であれば、無償で譲渡してくれるかもしれないが、通常は相当の金額で買い取りをすることになる。

ここで難しいのは、通常の自社株について売却を強制することはできないということだ。**もっと言えば、相手の感情を害して「売らない」となれば、いつまでも自社株は分散したままという最悪の状況になりかねない。**

オーナー企業で配当を実施しているところは少ないであろう。配当は、法人税を納税した後に支払われる。しかも配当には、所得税が課税される。法人税と個人の税金が二重に課税されるため、配当を実施しないことが多い。配当をしている会社は、たいてい経営に関与していない株主への配慮からだ。株主は、経営に関与しなくても、自社株を保有しておくだけで自然と配当がなされる。預金しても利息がこれほど少ない現代において配当がなされるのは、やはり魅力的だ。**「株主のため」と配当に熱心になるほど、株式を手放してくれないという状況になってしまう。**

「株式を売ってほしい」と提案すれば、「会社を牛耳るつもりなのか」と、言われなき批判を受けてしまうこともある。経営に関与していない者にとっては、今日の配当こそ重要であって、長期的な視点から事業を捉えることができない。いくら「事業承継のために必要」と説明しても、「それは社長の事情であって、こちらには関係がない」と反論をされてしまう。

ある小売店においては、創業者の弟が自社株の2割を保有していた。社長である兄は、将来の事業承継のために弟に「自社株を後継者に売却してほしい」と提案した。弟としても、「兄のつくった会社だから」と言っており、問題なくことが進むと考えていた。すると、事情を察した弟の子が出てきた。彼は「配当があるものをあえて売却する必要はない。そもそも、今の経営の仕方は株主への配慮が足りない」と言いだしてきた。弟は、子どもに老後の面倒を見てもらっていたので、意見に従わざるを得なかった。そして「自社株は手放さない」と兄に通知してきた。これをきっかけに、仲の良かったふたりは絶縁関係になってしまった。

他の株主に自社株の売却を提案する際には、くれぐれも相手の感情を逆撫《さかな》でするようなことがあってはならない。感情的な対立になれば、二度と分散した株式を集めることができないリスクがあると覚悟を持っておくべきだ。「買ってやろう」というスタンスで臨めば、相手から反発を受けることになる。交渉の前提において、「相手が有利な立場にある」ことを押さえていただきたい。

あるメーカーの社長は、「これまであんなに配当をして、株主に十分尽くしてきた。感謝しかしていないはず。こちらが売ってほしいと頼めば、断るわけがない」と根拠なき自信を持っていた。案の定であるが、株主からは「提案額が低すぎて、話にならない」と断られてしまった。言われた社長は憤怒の表情であったが、どうしようもない。こちらの配慮がありのまま相手の感謝になることはまずない。相手は当然のものとして捉えてしまう。

こういった売買交渉においては、提示する価格で頭を悩ます。売る側としては「できるだけ高く売りたい」と考える。一方、買う側としては「これまでの経営の苦労を何も知らず、配当だけ取りやがって」という気持ちもあって、「できるだけ安く買いたい」と考える。むしろ本音としては、「自社株を返せ。あなたが持つべきものではない」という意識に近いかもしれない。

社長のなかには、いまだに「株式の額面を基準に」「出資額の1・1倍で買い取れば、十分だろう」と何ら根拠のないことを口にされる人がいる。しかし、「株式の額面」という概念はすでになくなっており、自社株評価の根拠になるものではない。また、出資額に適当な倍率をかけて算出するのも根拠がない。時価額よりあまりに低額の場合には、相手が売却してくれないのみならず、課税の問題も発生しかねない。**買取価格は、事前に税理士と協議のうえ、決定していただきたい。**

ある社長は、税理士から提示のあった金額を知って、激怒していた。「自分の会社なのに、なぜそれほど高額で買わないといけないのか。誰の方向を見て数字を出しているのか」と。わかっていないのは社長自身である。

相手の提案額が、こちらの提案額よりも高額な場合もある。そういうとき弁護士として相手との価格交渉を依頼されることがあるが、基本的に断っている。「仮に弁護士として交渉したとしましょう。その時点で相手は裏切られたと感じます。こちらがいくら論理的に数字を提示しても、相手が納得するとは思えません。人は論理ではなく、感情で動きます。報酬をいただいても、相手の感情を逆撫でするだけで終わりかねません」と説明をしている。それが本音だからだ。

弁護士費用を支払うくらいであれば、相手の提案額に可能な限り応じて、気持ちよく終わらせるべきだ。相手が親族であれば、これからも慶弔催事で会うことも予想される。ギクシャクした人間関係でいたくはないであろう。「そんな人間関係なら不要」と啖呵《たんか》を切るのは簡単だが、一切のつながりを切って暮らしていくというのは容易なことではない。社長本人が良くても、家族が肩身の狭い思いをすることもある。誰しもが社長のように豪気なわけではない。とくに先代に対する批判は、後継者も引き継ぐことになる。そうならないためにも、自社株の集約には「人の心情に配慮した繊細さ」が求められる。

実体のない株主がいる

自社株の帰属に関して、争いが起こるのは珍しいことではない。あるメーカーでは、会長の株式がいつのまにか特定の孫に譲渡されていた。譲渡についての手続に関する資料もそろっていた。この事実が発覚したとき、会長はすでに寝たきりで、意思疎通ができるような状況ではなかった。他の親族は、孫らが会長の判断能力がないことをいいことに譲渡があったように取り繕ったと主張。これに対して孫らは、「譲渡当時、会長の判断能力はしっかりしていたはずで、問題はない」と反論していた。

最近では平均寿命の延長もあって、判断能力の有無が争点になる事案も増えてきた。**事後的にある時点の判断能力を認定することは決して容易ではない。**認知症として診断を受けており、介護認定などもされていたら、判断能力を推察することもある程度できるだろう。**だが、オーナー企業では、風評を恐れて社長の認知症をひた隠すことが少なくない。**そのため、診断や介護認定がなされていないなかで争われることになりがちだ。その場合には、当時の判断能力を判断することはかなり難しい。単に「物忘れがひどくなった」という程度の話では、「判断能力がない」とは判断されない。**しかも判断能力は、ゼロかイチというものではなく、まだらなものだ。**ある瞬間には覚えていても、次の瞬間には覚えていないこともある。あるいは金銭的なことは覚えていても、他のことは失念していることもある。

親族で状況に違和感を覚えたら、早めに診察を受けてもらうようにするべきだ。もっとも「自分ははっきりしている。病院に連れて行くなど、何を言っている」と反発されるので、話の持っていき方にはくれぐれも注意しなければならない。なお、判断能力をめぐる争いは、感情的な対立から解決までに相当の時間を要することになる。いつのまにか「この会社をどうするのか」という視点が失われてしまい、争うことが目的になってしまう。それでは、事業にも支障が生じてしまう。

次に問題となるのが、いわゆる「名義株」というものだ。株主名簿に記載のある株主と実質的な株主が違っている株式のことだ。実際には出資していないにもかかわらず、株主として名前を連ねている者もいる。発起人制度の名残のひとつだ。とりあえず会社設立のために頭数が必要であったために、実際の出資を伴わず名前だけ貸したようなものだ。

オーナーとしては、「あれは名前だけ借りたものだから、とくに問題にならない」と高をくくっていることがある。本当にそうだろうか。なかには「いや、きちんと出資した」と主張してくる者もいる。こういった問題は、当事者が元気であれば、あまり発生しない。むしろ問題になるのは、当事者が鬼籍に入った後である。当時の事情を知る者はもはやいない。しかも人的つながりもしだいに希薄化してくる。

後継者としては、先代から「あれは大丈夫。名前だけのものだから」と言われ続けた記憶しか頼るものがない。名義株を相続した者としては、後継者が何を言っても、「根拠がない」として株主の権利を行使してくるかもしれない。こうなってくると後継者に分が悪い。

名義株は、当事者が元気なうちに解決しておくべきで、後継者に任せるべきではない。せめて「これは出資を伴っていないものだ」とわかるような確認書を相手からもらっておくべきであろう。

他にも、相続が混乱の原因になることもある。株主に相続が発生すれば、自社株も遺産として相続の対象になる。ここでひとつ確認していただきたいことがある。仮に株主である父が300株の株式を遺して亡くなったとする。遺言はなく、相続人は長男、次男、三男の3名であるとしよう。このとき、遺産分割協議が成立しなかった場合には、誰が株主として権利を行使するのであろうか。

まず話し合いがつかない段階では、各自が100株を相続するわけではない。3名は、1株について持ち分3分の1として共有することになる。そして、各自が持ち分3分の1の株式を300株相続することになる。このようになっているのは、仮に相続する自社株が400株であれば、割り切れなくなるからだ。

自社株を共有している場合には、相続人間で「株主権行使代表者」というものを選定することになる。これは相続持分の過半数で決定することになる。この事案で長男が株主権行使代表者になれば、長男が300株の株式について権利を行使できることになる。

ポイント！

・自社株分散の状況によっては、後継者が経営を主導できない可能性もある。
・自社株を買い取る場合は、金銭の多寡以外に、相手の心情にも配慮する。
・いわゆる「名義株」については、当事者が元気なうちに先代が解決するべきである。

3 「贈与」の仕組みを最大限に活用した、自社株の譲渡

～贈与の最大の効果は「時代を超えて愛情を伝えていくこと」～

贈与は分散してこそ意味がある

「贈与」とはありふれた言葉で、内容についても「無償で提供すること」とイメージすることができるはずだ。贈与は、考えてみると実に人間的で興味深いものだ。合理的に考えれば、人は何かを無償で提供することはない。自分の所有する何かを提供するのであれば、対価を要求するのが一般的であろう。それでも人は何かを無償で提供する。**しかも贈与の不思議なところは、もらった側だけではなく、与えた側も満足感を手に入れることができることだ。**自分にとって大切な人にプレゼントを選ぶときのときめきを想像すればいい。失いつつも幸福を得る。贈与の根底には人間の愛情がある。

こういった贈与は、単に人間的な美しさを表現するだけではない。事業承継においても、積極的に活用できる。されど、少なくない数の社長は、贈与について「年間１１０万円の範囲内で」と短絡的にしか捉えていない。これでは、せっかくの贈与を十分に活用することができていない。**贈与には、分散を味方につけた戦略こそ求められる。**とくに時間をかけて贈与していくことを「暦年贈与」という。

それでは、まず事業承継における贈与のメリットについて概略的に整理してみよう。

事業承継で活用されるのは、先代が元気なうちに無償で物品を譲渡する生前贈与が中心になってくる。本書も生前贈与を前提に説明をしていく。

贈与では、先代において「誰に何をいつあげるか」を自由に決めることができる。相続の場合には、自分がいつ亡くなるのかわからない。しかも、誰が何を相続するかも相続人同士での争いになってしまう可能性がある。贈与では、こういったリスクを回避することができる。**贈与は、自由裁量が広いために、先代としても戦略を組み立てやすい。**とくに「いつあげるか」を決めることができるので、時間を活用した戦略を組み立てることができる。

贈与というと、金銭を譲渡するイメージが強いかもしれないが、贈与する対象物について制限はない。金銭に限らず、自社株あるいは不動産であっても、贈与することは可能である。自社株をすでに後継者に贈与している方もいるだろう。

もっとも贈与は、後継者だけを対象にするべきではない。かえって後継者と非後継者の間で、「あなただけ親から優遇されていた」と反発を受けることになりかねない。そこで後継者と非後継者のバランスをとる方法として贈与を活用することも検討すべきである。つまり、「非後継者に、事業に関係しない資産を贈与しておく」ということだ。こうすることでトラブルを回避できる。

贈与の基本は「無償」だ。与えた側は経済的には何かを失うだけ。逆にもらう側はただ何かを手に入れるだけ。実際には、提供した先代は引き継いだことの満足感を手に入れ、受け取った後継者は、社長としての重責を負担する。その意味では、対価を得ているのかもしれないが、あくまで経済的には無償で手に入れることができる。後継者は、贈与税の負担はあるものの、購入資金を用意する必要がないため、資金調達に苦労する必要はない。

贈与の最大の効果は、「時代を超えて愛情を伝えていくことができる」という点だ。先代から託された後継者は、「何かを先代に返さないといけない」という気持ちになる。だが、返すべき時期にもはや先代はいない。受け取るだけということになる。私は、これこそ理想だと考えている。後継者は、受け取った思いを次の世代にしか渡すことができない。それが自分の果たすべき役目と理解するはずだ。カタチあるものはいつか朽ち果ててしまう。**カタチなきものだからこそ、時代を超えて渡し続けていくことができる。**

このように魅力ある贈与であるが、当然リスクも内包している。戦略なき贈与が親族間の軋轢を生みだすことがある。典型的なものが、相続時における財産の分け方についての争いである。一部の相続人からは「後継者は生前に自社株をもらったはず。それを無視して遺産分割をするのはおかしい」「生前に母は嫁に行った姉に定期的にお金をあげていると言っていた。それを明らかにするべきだ」などと、生前贈与の有無について感情的な争いが生じる。

遺産分割においては、過去に亡くなった人から贈与を受けていたことが具体的な財産の分け方における調整要因になる。いわゆる「特別受益」と呼ばれるものだ。相続人同士の感情的な対立が激しくなると、遺産分割協議のなかで特別受益の主張がなされることがある。典型的なのは「親が財産を贈与したと言っていた」というものだ。

だが、実際には特別受益の主張が認められるのはなかなか難しい。「親がこう言っていた」という主張だけでは根拠にはならない。贈与の事実を主張する者が「誰が、いつ、何について贈与を受けたのか」を明らかにする必要がある。さりとて、親族間の贈与は、過去のある時点において、当事者間で内々で実行されるものだ。たとえば、「孫の教育費が足りない」と聞けば、現金で渡すようなこともあるかもしれない。こうなると、第三者が当事者間の贈与を明らかにする資料を提示することは、事実上不可能だ。

用意できなければ、贈与はなかったものとして、遺産分割の話は進んでいく。「もらったはずだ。本当のことを言え」といくら語気強く批判しても、当事者が「もらったことなどない」と言ってしまえば、それまでだ。こうなってくると、感情的な対立がさらに激化して、「むしろあなたこそもらっていたでしょ」という際限ない争いになる。

こういった親族間の争いを回避するため、贈与契約書を作成し、「誰に、いつ、何を贈与したか」について整理をしておくべきだ。とかく「他の子どもらに知られないように」と配慮するものの、たいてい他の子どもは感づいていることが多い。曖昧だからこそ、子どもらも疑心暗鬼になってしまう。**隠さず明確にしておくことが、かえって対立を回避することにもなる。**

このとき、贈与の事実だけではなく、「なぜ贈与するのか」という動機までもメモなどで残しておくと、「親の意思だから仕方ない」ということで落ち着きがいい。やはり親心というものは、子どもにとって重たいものだ。

なお、贈与については「相続時精算課税」という言葉を耳にしたことがあるかもしれない。「特別控除額２５００万円の範囲内であれば、贈与税がかからない」というものだ。相続税の計算において、相続財産に加算される贈与財産の価格は、贈与時の価額になる。たとえば、自社株について、相続時精算課税を利用して贈与する場合を想定しよう。将来において、自社株の評価が上がれば、相続時精算課税を利用して贈与することで、相続税の負担を軽減させることができるかもしれない。ただ、逆に自社株の評価が将来において下がれば、相続税の負担は重くなる。あくまで贈与時の価額が基礎になるからだ。相続時精算課税には、このようなデメリットもあるため、注意を要する。個人的には、暦年贈与を活用して、長期的に贈与する計画が相当な場合が多いと考える。

相続税・贈与税の関係を押さえる

贈与というと、「でも贈与税は税率が高いから」「年間１１０万円の範囲で自社株を渡してもきりがない」と贈与税の負担ばかり気にする人もいる。「社長の飲み代のほうが」と思わず言いたくなることもある。贈与税だけの負担を考えても意味がない。**贈与税は相続税**

の負担と総合的に考慮してこそ、意味がある。

ここで事業承継において検討することになる相続税と贈与税について簡単に触れておこう。詳細については、税理士に確認していただきたい。

オーナーが亡くなれば、たいてい相続税が発生する。多くの社長が「相続税の負担を軽減するにはどうしようか」と節税対策に勤しんでいる。こういった相続税は「相続税法」という法律によって定められている。されど、同じく税金である贈与税については「贈与税法」というものはない。贈与税は、相続税法のなかに組み込まれているのだ。相続税だけでは、死ぬ直前に財産をすべて贈与することで、相続税を免れてしまう。そこで相続税を補完するものとして、贈与税が定められているわけだ。そうなれば贈与税は、あくまで相続税と総合的に考慮して検討する必要がある。

贈与するほど贈与税の負担は増えるものの、相続時における財産は少なくなり、相続税の負担は軽減されることになる。つまり、相続税の負担と贈与税の負担がどこかのポイントでクロスすることになる。このポイントのところで贈与をすれば、全体としての負担が軽くなるというわけだ。贈与税だけ、あるいは相続税だけを見ていても意味がない。

たとえば、相続財産が3億円で配偶者と子どもふたりの場合の相続税の実効税率は、9・

5％になる。一方、年間400万円を贈与する場合における贈与税の実効税率は8・4％になる。そうであれば、贈与税を支払っても、年間400万円を贈与していけば、相続時の財産も少なくなり、贈与することで全体としての節税になる可能性がある。しかも、きちんと贈与税を申告することで、事後的に税務署から贈与の有無について指摘されることもないであろう。贈与税を支払ったほうが有利な場合があるということだ。

ここで贈与税の仕組みについて簡単に整理しておく。まず贈与税は、財産をもらった側に課税されるものだ。毎年1月1日から12月31日までに贈与を受けた財産をベースに課税されることになる。「（1年間に贈与を受けた財産－基礎控除額110万円）×税率」から具体的な納税額が決まる。よく「贈与は110万円まで」と言われるが、これは「110万円までであれば、基礎控除の範囲内」という趣旨でしかない。社長であれば、110万円にこだわることなく、全体としての税負担が軽減されることを目的として、贈与する範囲を決定していくことになる。

ときに誤解している人がいるが、110万円はあくまで受け取る側から見てということだ。同じ年に長男が父から80万円相当の自社株を、母から50万円の現金をもらえば、総額130万円になるので、110万円を超えた20万円について贈与税が発生することになる。

贈与税の負担を軽くするには、人と時間を分散させることが重要になってくる。特定の人に一度に贈与すれば、贈与税も大きくなってくる。ひとりにつき毎年110万円の基礎控除枠があるのだから、できるだけ人と時間を分散させるべきだ。ものすごくシンプルな比較を図表5を見ながら検討してみよう。

この場合、母が1億円の現金を遺して亡くなったとしよう。相続税は、基本的に「相続財産－（3000万円＋600万円×法定相続人）」に課税される。そのため、1億円－（3000万円＋600万円×2人）＝5800万円に対して相続税が課税されることになる。相続税としては770万円になる。これが事前に毎年100万円を①から⑤までの5名に対して10年間にわたり贈与したとする。総額として100万円×5名×10年間＝5000万円を贈与したことになる。これにより、相続時の財産は1億円－5000万円＝5000万円になる。このときの相続税は80万円になる。

このように、贈与を分散して活用すれば、税負担をかなり軽減させることができる。これは自社株についても同じである。自社株も後継者に時間をかけて贈与していくことで、贈与税・相続税を含めた全体としての税負担を軽減させることができる。

贈与については、単に子どもだけではなく、孫に贈与することも積極的に考えたほうが

図表5　ある家族の相続

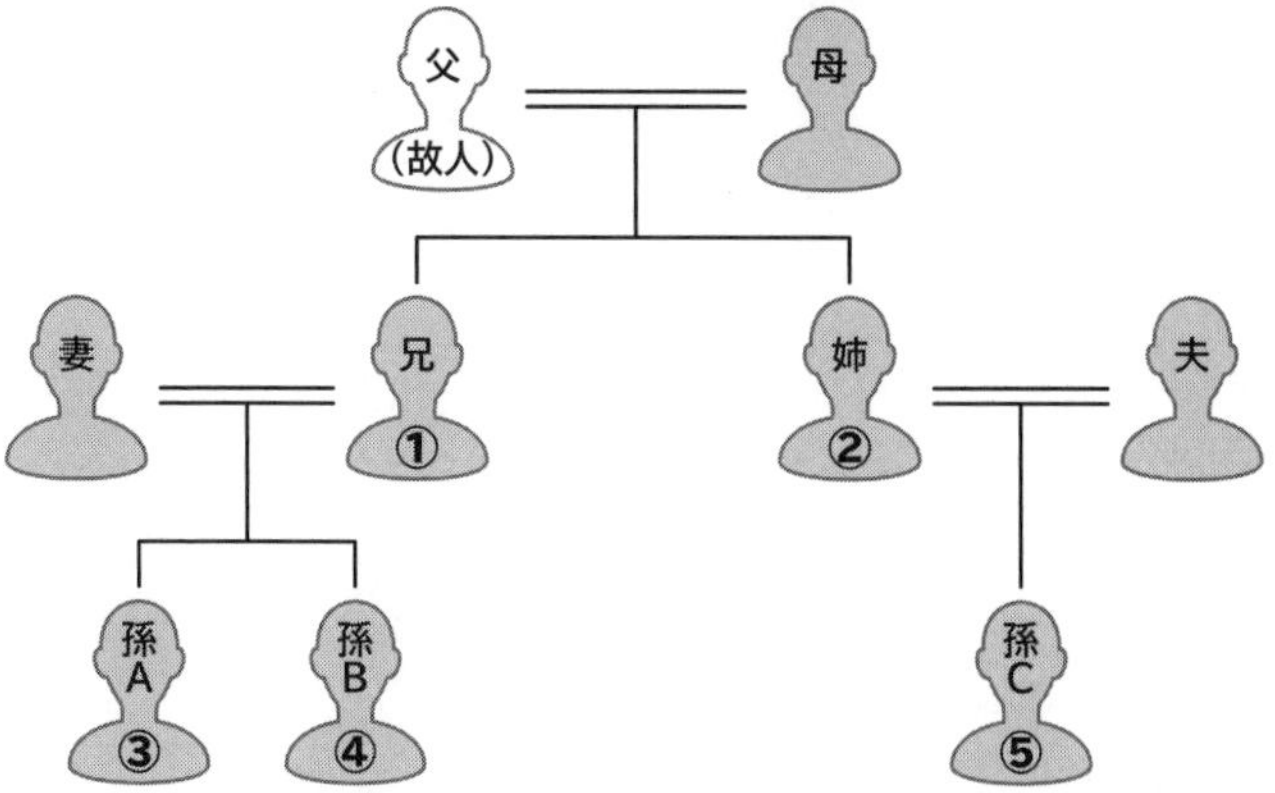

いい。孫に贈与すれば、通常の過程よりも一世代飛び越すため、相続税の納税が1回少なくなる。また祖父母が亡くなったときの相続税の負担も軽減される。相続税の計算においては、亡くなる3年以内に法定相続人に贈与されたものも「みなし相続財産」として相続税算定の基礎になる。これが孫であれば、法定相続人ではないため、亡くなる3年以内の贈与も相続税の算定において考慮されない。

「贈与＝子どもらへ」という固定的な発想を持つべきではない。孫に対する贈与については、「孫がまだ小さいのに、贈与ができるのか」と相談を受けることがあるが、問題ない。ゼロ歳児でも、贈与を受けることができる。贈与契約書は、親権者が法定代理人として署名することになる。気をつけるべきなのは、孫名義の通帳に振り込みつつ、通帳あるいは印鑑を贈与した祖父母で保管しているような場合だ。これでは税務署から「孫名義の通帳を個人的に利用しているだけで、実際には贈与していないのではないか」と指摘されるリスクがある。通帳や印鑑は、孫の親権者にて保管するようにしておくべきだ。

贈与を実行する場合には、親族間のバランスにも配慮しておく必要がある。たとえば、後継者だけに贈与をしていると、他の親族としては面白いものではない。いくら「後継者だから」とわかっていても、納得できるものではないだろう。そのため、自社株を贈与する場合には、他の親族に対しても、なにがしかの贈与をすることを検討したほうがいい。「そんな余裕はない」というのであれば、少なくとも後継者に贈与をする意味を、他の親族にも先代の言葉で伝えておくべきだ。

有利な贈与ではあるが、「頭ではわかっていても、なかなかできない」という声も少なくない。いくら「家族に与えるもの」とわかっていても、手元から資産がなくなっていくのは、不安なものだ。「この先の生活費がいくらかかるかわからない」と感じれば、贈与についてもたじろいでしまう。しかも、贈与をした家族が、将来において面倒を見てくれるかもわからない。**将来の生活費や家族への不安から、贈与についてうまくいかないことも珍**

しくない。

なお、贈与税・相続税については、いわゆる「事業承継税制」というものがある。これは後継者が非上場株式の株式などを先代から贈与・相続により取得した場合に、一定の条件の下で贈与税・相続税の納税を猶予・免除する制度である。かつては条件が厳しすぎてなかなか利用されなかったが、特例措置が設定されたことで、利用される機会が増えてきた。ただし、会社の後継者や承継までの経営の見通しなどを記載した特例承継計画を作成し、令和5年（２０２３年）３月31日までに都道府県知事に提出するなどしなければならない。手続も複雑で、期間の制限もあるので、早急に顧問税理士に自社における利用の可否について確認していただきたい。

贈与と生命保険を抱き合わせる

事業承継の武器のひとつとして、「生命保険の活用」がある。社長であれば、なにがしかの生命保険に加入しているであろう。ただ、「知り合いからのおつきあいで」という人も散見される。これでは本当に事業承継対策として生命保険が機能するのか、怪しい。生命保険にも戦略が必要である。

社長にとって生命保険は、いざというときに会社と家族を守るためのものである。生命保険を「節税のための道具」と捉えてしまうと、本質を見失ってしまう。この視点を基礎にして、事業承継における生命保険の活用の概要を確認していこう。

事業承継の場合には、生命保険のうち終身保険を活用することが多い。そこで、これからは終身保険を前提にして話を進める。なお、あらかじめ言葉の整理をしておく。契約者とは、生命保険契約を締結する当事者で保険料を支払う者とする。被保険者とは、保険の対象者で、亡くなれば生命保険の支払いがなされる。受取人とは、生命保険金を受け取る者である。

まず生命保険に加入するとして、契約者を法人とするか、個人とするかを考えることになる。法人による契約は、事業を守ることが主たる目的になるだろう。受取保険金には、法人税等が課税される。そのため、単純に「必要資金＝生命保険金」と設定すると、いざというときに資金が不足することになりかねない。そこで加入すべき保険金額の目安は、必要とされる金額の1・5倍をひとつの目安とすればいい。

個人の場合には、役員報酬から所得税を控除した残額から保険料を支払うことになる。そのため、法人名義で生命保険を組み立てている人が多い。**社長の場合には、「法人名義の生**

命保険は厚いものの、個人名義の生命保険が薄すぎる」という傾向がある。社長が亡くなっても、生命保険金は会社にしか入らないとなれば、相続人としても不安である。社長といえども、法人契約ばかりにこだわるのではなく、家族のために個人名義の生命保険の加入についても策を講じておかなければ、「無責任」との批判を受けることになりかねない。

個人を契約者とする生命保険は、相続の視点から捉えると、メリットがある。**生命保険については、「500万円×法定相続人の数」が相続税における非課税限度枠として設定されるため、相続税の負担を軽減できる。**単に現金で相続させるより有利である。なお、受け取った生命保険金が非課税財産の適用を受けるには、契約者・被保険者が被相続人、受取人が相続人である必要があるので、注意を要する。

また、生命保険金は「相続税の納税準備金」として機能することになる。自社株あるいは不動産は、資産であるものの、容易に現金化できるものではない。「いざ納税」というときに、現金が手元にないということになりかねない。生命保険金で用意しておけば、そういう事態を回避できる。**さらに生命保険であれば、簡単な手続で受取人が直ちに生命保険金を受け取ることができる。**これは想像するよりメリットが大きい。

銀行口座をひとつ解約するにも、多数の戸籍あるいは相続人全員の実印を求められるものだ。相続人間で意見の相違があれば、「口座に預金はあれども、いつまでも解約できない」ということにもなりかねない。「生命保険があれば、すべて大丈夫」というほどシンプルなものではないが、うまく活用すれば大きな力になる。

生命保険は、単独で捉えるのではなく、贈与を含めて戦略を練ると効果的だ。言葉で説明するよりも、数字を示したほうがわかりやすいだろう。ここでひとつのモデルケースを想定して比較してみよう。モデルを可能な限りシンプルにするため、細かな要素を排除し、次の前提条件を設定する。なお、数字はあくまで説明のために設定したものである。加入の可否及び金額は個別に異なるため、実際の利用を検討する場合には、必ず生命保険会社の担当者に確認していただきたい。

- 先代（50歳男性）の法定相続人は後継者のみ
- 先代の財産のうち現預金は5000万円
- 相続税の適用税率は50％
- 一時所得への適用税率は所得税と住民税を合わせて50％
- 相続税・所得税の控除額はなし

このように贈与と生命保険を併せると、相当の節税効果が出てくる（図表6）。もちろん、これはひとつのモデルであって、すべての場合に該当するわけではない。ただ、同じ現金でも受け取り方を変えるだけで課税が変わってくることは意識していただきたい。相続税よりも、所得税を選択したほうが、大幅な節税効果が出る場合もある。課税される税金の種類を意識的に変更できることが、オーナー企業の強みと言えるだろう。

事業承継において、生命保険は強力な武器になるため、ぜひ活用していただきたい。もっとも、現実的には生命保険の種類は多岐にわたり、内容も異なる。社長がすべてを理解して、自分の状況に最適な生命保険を組み立てることは容易ではない。

そのため、リスクをコントロールして保険を提示するアドバイザーが必要になってくる。こういったアドバイザーが圧倒的に不足しているのが現状だ。もっと言えば、担当する生命保険会社の担当者のスキルがパフォーマンスの違いになる。これは弁護士として事業承継に関与してつくづく感じることだ。

優れた担当者は、単に自分の扱う生命保険だけを見ていない。社長の事業全体を俯瞰したうえで、リスクヘッジの道具として生命保険を配置していく。そのために保険商品のみならず、財務、法律も積極的に学ぼうとしている。事務所の勉強会に私的に参加する方も

図表6　事業承継における相続税対策のパターン

現金で相続	現金で5,000万円を相続した場合には、5,000万円×50%=2,500万円の相続税が課税される。この場合には、正味残現金は、5,000万円−2,500万円=2,500万円となる。
生命保険を活用	次のような終身保険に加入したとする。利用している方も多いケースである。 保険料：年間500万円×10年間 契約者：先代 被保険者：先代 受取人：後継者 保険金額：5,200万円 15年後に先代が亡くなれば、後継者に生命保険の支払いがなされる。この場合には、生命保険金を受け取った後継者に相続税が課税される。具体的な相続税の額は、{5,200万円−500万円（生命保険の非課税限度額）}×相続税率50%=2,350万円となる。 そのため正味残現金は、5,200万円−相続税2,350万円=2,850万円となる。
生命保険と贈与を活用	このパターンは、贈与と生命保険を抱き合わせるものである。ポイントは、課税内容が相続税ではなく、所得税になることである。 まず先代から後継者に年間500万円を10年間にわたり贈与する。この場合に後継者には、贈与税として48.5万円が毎年課税される。そのうえで後継者は、贈与を受けた金額から贈与税を控除した残額を原資に、次のような終身保険に加入する。 保険料：年間422万円×10年間 契約者：後継者 被保険者：先代 受取人：後継者 保険金額：4,600万円 15年後に先代が亡くなれば、後継者に生命保険の支払いがなされる。このとき後継者には、相続性ではなく、一時所得として所得税が課税される。 一時所得の課税対象の金額は、{総収入−当該収入を得るために支出した金額−特別控除額（最大50万円）}×2分の1となる。本件では、{保険金額4,600万円−4,420万円（10年間の保険料）−50万円}×2分の1=65万円となる。 生命保険に関する所得税（一時所得）は、65万円×50%=32.5万円となる。 そのため正味残現金は、（贈与総額5,000万円−生命保険料4,420万円−贈与税総額485万円）+（生命保険金4,600万円−所得税32.5万円）=4662.5万円となる。

いる。会社と社長の直面するリスクを学んでいるからこそ、「あるべき保険」を提案できる。そういった担当者の設計する保険は、リスクに対して、もれなくかつ重複もなく、美しい。しかも加入後のフォローもしっかりしている。

生命保険は、加入してからがはじまりである。加入後のメンテナンスによって、最終的なパフォーマンスに圧倒的な相違が出てくる。経営環境は日々変化している。だからこそ、生命保険についても、必要に応じた見直しが必要となってくる。こういったフォローをきちんとしてくれる人こそ、プロのアドバイザーだ。「加入してもらえれば終わり」というスタンスの担当者とはつきあうべきではない。セミナーでこのような話をすると、社長の目の色が変わり、「誰か担当者を紹介してほしい」と言われる。ぜひ信用できる担当者の方を確保していただきたい。**「どの保険会社」よりも、「どの担当者」こそが大事だ。**

社長のなかには、「生命保険」と聞くだけで、「もういい」という人も見かける。こういった方でも、私が中立的な立場で生命保険の話をすると納得される。「最初から生命保険を売る立場の者として見られてしまって、話を聞いていただけない」という保険会社の担当者の声は少なくない。何事も否定することから始めると、貴重な機会を失ってしまう。まずは説明を聞いてみることからはじめよう。

そのうえで「信頼できる」と判断したときには、会社及び社長個人の資産についての情報をできるだけ開示したほうがいい。「資産をすべて把握されるのには抵抗がある」という気持ちはわかるが、資産の部分開示ではバランスのとれたプランを提案できない。**生命保険は、会社と社長の置かれた状況を離れて抽象的に設計できるものではない。だからこそ、提供する情報量が保険の精度を決めていくことになる。**これを機会に「自社にとってのベストな生命保険はどのようなものであるべきか」を再考していただきたい。

ポイント！

- **贈与は自由裁量が広い仕組みであり、先代としても戦略を組み立てやすい。**
- **生前贈与においては、相続税の負担とセットで総合的に考えていく。**
- **事業承継においては、贈与と生命保険を組み合わせて節税することができる。**

第4章

事業承継は、いつか自分が介護される姿をイメージして考える

事業承継対策といえば、とかく相続ばかりが注目されてしまいがちだ。だが、実際には、先代社長が経営の第一線を退いてから亡くなるまでの時間が長くなる傾向にある。こういった余生を自立して暮らしていけるかが人生の質に影響する。

人は年齢を重ねるほど、衰えが出てくるものだ。足腰が弱り、判断能力も低下してくることは、自然の摂理だ。医療の発達によって、こういった症状は改善されてくるのかもしれないが、今すぐの問題の解決にはならない。**だからこそ、社長は自分の死に至るまでの時間の過ごし方について、真剣に考えておかなければならない。**

これは単に自分の人生のためだけでなく、「介護を担う者への配慮」でもある。介護の負担は、受ける側に発生するのではなく、提供する側に発生する。「子どもが面倒を見てくれる」というのは、あまりにも楽観的な発想だ。介護においても、「自分の老後は可能な限り、自分で支える」という意識が必要であろう。

本章ではまず、社長が認知症になった場合の事業、あるいは家族に与える影響について、概要を整理しておく。どんなに優れた社長であっても、判断能力が低下し、認知症と診断されるときがある。**判断能力がなくなれば、自社株について議決権を自ら行使することができなくなる。**会社は存続すれども、意思決定ができないという事態になりかねない。そういうシナリオを想定し、対策をとっている社長がいったいどれほどいるだろうか。高齢化によるリスクはすぐ足下にある。

次に、判断能力低下のリスクを整理したうえで、対策を練っていく。**中心になるのは、①老後資産の確保、②終《つい》の棲家《すみか》の選択、③介護してくれる人の決定である。**老後の生活について、口では「不安だ」と言いつつも、何も決めていない人が少なくない。どこかで「周囲がなんとかしてくれるだろう」と考えているのかもしれない。しかし、そういう発想が、家族の負担として重くのしかかり、軋轢を生み出すことになる。

最後に、判断能力がなくなる場合を見越したうえでの「事前の対処」について説明をしておく。**誰しも自分の資産は自分の信頼した者に管理してほしいはずだ。**とくに保有する自社株の権利行使は、事業そのものに影響してくるため、後継者に代理人になってもらわなければ困る。なにも対策をしていなければ、「権利行使すらできない」ということになりかねない。そこで、先代の判断能力の低下に影響を受けることなく、安定した経営を実現するために「任意後見契約」という制度の活用を提案していく。

1 先代が自社株の大半を保有したまま、認知症になってしまったら？

～事業承継は判断能力があるうちに終えなくてはならない～

それでも父は元気です

人は、時間とともに衰えていく。これは自然の摂理であって、受け入れていくしかない。**過ぎ去る時間に抵抗することもなく、自然体の方は人間の成熟性を醸しだし、美しい。**医療の発達により、亡くなるまでの時間がずいぶんと長くなった。しかし、これは介護を要する時間が長くなったことを意味する。社長であれば、こういった自分の老後の過ごし方を考えておかなければならない。

あらかじめ理解していただきたいのは、「介護の負担は介護をする側に発生する」ということだ。**「自分の希望」を基礎に自分の介護をイメージしても、問題の解決にはならない。**

人は誰しも認知症と診断され、物事を理解することが難しくなる可能性がある。これはいくら立派な実績を打ち立てた社長であっても同じだ。こういった現実から目を背けていると、事業と家族に迷惑をかけることになる。ここではまず、先代が判断能力を失ったことによる問題をいくつか紹介していこう。

「生涯現役。これから事業が面白くなる」と豪語していた社長であっても、いつかは認知症と診断され、物事を理解することができない状況になる可能性がある。「父があのような状態だから、自分が頑張らなければならない」という後継者の志も高くなるだろう。いよいよ後継者が代表取締役に選任されるということになればいいが、話はそれほど簡単ではない。**先代が自社株の大半を保有したままで判断能力を失ってしまう場合があり得る。**やる気に満ちていた先代ほど、後継者へ自社株を生前になかなか譲渡しないものだ。

株主が株主総会で意思決定をするためには、あたりまえだが判断能力が必要になってくる。議案の内容も理解できず、署名もできない状況では、株主として権利行使をすることができない。**つまり、株主総会で後継者を役員として選任することができない可能性が出てくる。後継者が、用意された総会議事録に無断で先代名義の署名をすれば、それは偽造であって、決議が無効になってしまいかねない。**今まではなし崩しに可能であったかもしれないが、本来は違法なことだ。

ある会社では、後継者となった兄に反発した弟が少数株主として、「なぜ父は寝たきりなのに、署名があるのか。兄が偽造したものだ」と主張して争ってきたことがある。こうなってくると、株主総会すらまともに開催することができず、経営が混乱する。**経営権の争いは、自社株の争奪戦だけではなく、「先代の判断能力の有無」というカタチで具体化することもある。**

銀行からの借入においても、先代の判断能力が問題になる。借入では、先代が連帯保証人になることもあるだろう。後継者に十分な個人資産がないために、やむを得ず先代に連帯保証人になってもらうことで、借入をすることができる。**この「連帯保証人になる」という行為についても、判断能力が必要になってくる。**今まではあたりまえのように連帯保証人になれたものの、「現時点では連帯保証人になっていただくのは難しいです」と、銀行から拒否されるときがくるかもしれない。これでは予定していた資金繰りにも影響してくるであろう。

その他にも、最近では、銀行に「先代の判断力がない」ことが発覚すると、先代の個人口座が凍結され、家族が自由に預金を引き出せないようになることもある。これは親族を含む他者による不正な引き出しを防止するための銀行の判断でもある。親族の一部が他の親族からの引き出しを防止するため、銀行に情報を提供して意図的に凍結させることもある。口座の凍結は、普段の暮らしを一変させることになる。たとえば、先代の妻は、生活費をすべて夫の口座に頼っていることも珍しくない。そうすると、いきなり口座が凍結され、引き出しができない状況になり、あわてる。銀行からは「必要であれば、成年後見人を選任してください」といきなり説明を受けることになる。

オーナー企業の家族としては、「先代が衰えていることを周囲に知られたくない」という気持ちがある。先代の判断能力に疑念があることが周囲に知られると、いろいろ詮索されて煩わしく感じる。そのため、先代の面倒を自宅で見ながら、「最近会長にお会いしませんが、お元気ですか」と質問されれば、「年相応の衰えはありますが、元気にしています」などと言ってお茶を濁すことになる。「寝たきり状態」ということが発覚してしまって、自社の信用に影響することを危惧するからだ。いつのまにか、先代は事業から消えてしまうことになる。

後継者としては「事業を守るため」ということで、事実を隠蔽《いんぺい》して取り繕いたいという衝動に駆られるだろう。だが、たいてい発覚するものだ。「父の署名を代筆するくらい許されるだろう。他の人もしているだろう」という安易な行動が、後継者の違法行為として事後的に指摘され、問題になる。一歩間違えれば、詐欺にもなりかねないから、注意していただきたい。

社長の判断能力は、事業承継対策をするうえでの基礎になる。遺言の作成にしても、贈与にしても、生命保険加入にしても、判断能力がなければ実行できない。**いずれの対策も「亡くなるまでに講じればいい」というものではない。対策は、自分の判断能力がしっかりしているときにしかできない。**しかも、いつ判断能力を失うかなど、誰にもわからない。

ある社長は脳梗塞で倒れてしまい、判断能力をある日をもって失ってしまった。税理士と計画していた事業承継の対策は、すべてできなくなってしまった。**事業承継のために用意された時間は、自分で考えるほど多くない。**

診察室までの道のりは険しく

ある社長夫婦が、沈痛な面持ちで私の事務所に相談に来られた。聞けば、先代が「息子から排除された」と支離滅裂なことを知り合いの社長や親族に吹聴して、困っているということであった。しかも、ときどき乱れた装いで周囲を歩き回るなどの奇行も見受けられるということで、認知症の可能性が疑われた。

こういうとき、「それなら診察を受けてもらったほうがいいです」と安易にアドバイスをするのは、おそらく福祉の現場を知らない方だ。そんなことは誰でもわかっている。**難しいのは、本人のプライドにより、受診してもらえないからだ。**

先代社長には「自分で事業を切り開いてきた」という自負がある。自分が衰えていると周囲から疑われること自体が許せない。内科や眼科には積極的に行く方であっても、精神科や心療内科となると、「絶対に行かない。勝手に決めるな」と反発するものだ。自分の尊厳が傷つけられたと感じるのであろう。だからこそ、診察室にどうやって行ってもらうかを周囲が思案することになる。

私の事務所では、介護の問題にも積極的に関与してきた。介護施設の顧問もさせていただいている。**介護の現場を目にしてきた弁護士として感じるのは、介護ひとつで関わる方の人生が大きく変わる可能性があるということだ。**

あるサービス業の会社の例である。この会社には、先代の長女の夫と弟である次男が勤務していた。能力的にも人格的にも長女の夫が優れていた。弟は遊ぶことが大好きで、仕事といっても団体の会合での挨拶といった、目立つことばかりに意識が向いていた。もちろん社員からの評判はよくなかった。誰が見ても、後継者は長女の夫だった。先代は、闘病の果てに亡くなり、自社株をいったん妻が相続することになった。これがすべての不幸の始まりだった。

社長には、これまでの実績から長女の夫が就いた。社長になれなかった弟夫婦は、身体の弱かった母親を引き取り、同居するようになった。そして夫婦であらぬ噂を母親に吹き込み、しだいに母親は長女夫婦へ疑いの目を持つことになった。

長女夫婦は、なんとか母親に会って説明をしようとしても、弟夫婦がこれを阻止する。弟夫婦は、会社が欲しいばかりに、母親に対して長女の夫を解任するように説得をした。母親としては、もはや弟夫婦の支援なくしては暮らしていけないと考えていた。なによりかわいい息子からの申し入れを拒否することができなかったのだろう。事実上、弟夫婦の指示に従わざるを得ない状況に置かれた。

母親は、弟夫婦の指示の下で、長女の夫に退任してもらい弟を社長にすることを提案した。長女の夫の怒りはすさまじかった。いったい誰が身を粉にして経営をしてきたのかと。「自分の人生を壊された」という意識が強かった。たしかに母親の面倒を弟夫婦に任せた点は落ち度ではあったが、だからといって理由もなく役員を下ろされるような筋合いのものでもない。しかも母親から「これからも弟を支えてほしい」と告げられて、これがさらに長女の夫のプライドを傷つけてしまった。母親にしても「自分の夫がつくった会社」という意識が強かった。退任を求めた際に、長女の夫が自分の会社のように語ることが許せなかった。「やはり長女の夫は危険だ」という誤解がさらに深まった。

長女夫婦は激高して、直ちに退任のうえ、家族との関係を断った。この長女の夫は本当に優秀で、トップが誰であっても事業が発展する仕組みを社内に確立していた。そのため、弟が後継者に就任しても、滞りなく事業が展開している。つまり、何もかも弟に奪われてしまった。弟は、おそらく現在の椅子から見える世界を、自分の実力が生みだしたものとしか認識していないだろう。母親はしばらくすると施設に入所させられたらしい。いっときの母親の気の迷いから生まれた不幸だ。立ち去った者の気持ちを思うと辛い。「家族とはなにか」をつくづく感じさせられた案件だった。

判断能力というのは、「ゼロかイチ」というほど、はっきりしたものではない。あるときはしっかりしているのに、あるときは支離滅裂な行動をとるということもある。あるいは、お金のことはしっかりしているものの、その他のことについては記憶が曖昧ということもある。まだらな状態を過ごしながら、少しずつ判断能力が低下していくことになる。

ある水産加工を担っていた家族では、後継者とされていた長男夫婦がひとり暮らしの先代の面倒を見ていた。それがある日から次男夫婦がなかば強引に面倒を見るようになった。先代の財産についても、随時弟に贈与されるようになった。長男と次男はもともと仲が良くなかった。そのため、次男は、父が長男と会うことができないように、わざと仕向けるようになった。なんとか弟の目を盗んで会ったとき、父は「会社と家族のことを頼む」と懇願してきた。それが次男を前にすると、「会社は次男に任せる」と言い出してしまった。長男としては、いったい何が父の本心なのかわからないまま、財産はひたすら次男の名義になってしまい、もはや事業を引き継ぐことができなくなった。長男としては、これまで「父のため」と尽くしてきたのに、最後の仕打ちで本当に心が壊れそうであった。気丈に振る舞われる姿は立派だった。

介護は、ときに自社の行く末に決定的な影響を及ぼすことがある。**介護を受ける側としては、どうしても側で介護をしてくれる人に負い目を感じて、「なんとか希望を叶えてやりたい」という気持ちになる。**それが子どもであれば、なおさらである。しかし、経営は、そういった一時の感情でなされるべきものではない。**それでも、「自社株を持っている」というだけで、経営手腕に関係なく、感情だけで社長が選ばれかねないのが、オーナー企業の**

限界でもある。「そんなことはおかしい」といくら声高に主張しても、仕方のないことだ。だからこそ、先代も後継者も「自分の判断はいっときの感情に流されたものではないか。将来を見据えたものなのか」を自問し続ける姿勢が求められる。

介護で家族が壊れてしまう

誰にとっても、介護をすることは負担になる。**しかも介護は「特定の人に負担が集中してしまう」という傾向がある。**気がつけば、介護が誰かの犠牲の下で成り立ってしまっていることもある。介護の負担は、実際に経験した者にしかわからない。「子どもらの世話になる気はない」と言われる人もいるが、実際には世話にならざるを得ない場合が圧倒的だ。施設に入所しても、緊急連絡先として家族の連絡先を求められる。**いつのまにか、介護を担当する者の生活が、介護を中心に組み立てられてしまう。**

たとえば、福祉施設に入所していたとしても、家族が施設から呼び出しを受けることがある。そうなると、自由に旅行などできなくなってしまう。まして「体調が悪い」と聞けば、遠出すること自体はばかられるだろう。ある後継者の妻は、義母の介護について「実母の介護もままならないのに、義母の介護に時間と体力を取られてしまって」と疲弊していた。偽らざる本音であろう。自分の家族において介護を要する人がただひとりとは限らない。この方のように、同じ人が複数名の介護を同時に担わなければならない場合もある。そうなってくると、介護する人にこそサポートが必要になってくる。

介護に慣れていないまじめな人ほど、「自分が頑張らないといけない」と考えて、燃え尽きてしまいがちだ。精神論だけでは、これからさらに増える介護の負担を背負っていくことは不可能だ。

介護をする際には、以下の3つのポイントを押さえておくといい。

①介護に完璧を求めない

介護は長期間にわたることが珍しくない。最初から完璧な介護を求めていたら、自分のすべてを犠牲にすることになりかねない。とくに介護される人のなかには、認知力の低下もあって、「あれもこれも」と要求するばかりで、感謝の言葉のひとつも言えなくなる人がいる。周囲からは「それくらいしてあげなよ」と簡単に言われてしまうが、介護する者にとっては、あまりにも負担が大きい。介護する者が疲弊する。

完璧を求めることなく、「とりあえずこのくらいで」という介護のレベルを最初からある

程度設定しておくと、長期的な介護にも対応しやすくなる。最初から高いレベルを実現してしまうと、レベルを維持するだけでも大変になって、身動きがとれなくなってしまう。

②相談できる専門家を確保する

介護には、様々な行政サービスがすでに用意されている。こういったサービスを利用すれば、自分の負担を軽減させることができる。

もっとも、制度が複雑すぎるため、素人では利用できるサービスを整理できない場合も少なくない。一般的には、地域包括支援センターの窓口で、介護の相談をすることになるだろうが、担当者も多忙であるため、気軽に相談しにくいときもあるだろう。

そのため、可能であれば、自分で弁護士あるいは社会福祉士といった専門家とのコネクションを持っておくといい。

③自分の時間を確保する

介護を始めると、いつのまにか自分の時間がまったくなくなってしまうことがある。これでは、「いったい誰のための人生なのか」わからなくなる。

そこで、あらかじめ介護から離れて自分のために使う時間を確保しておくべきだ。あらかじめ確保しておかなければ、空白は自ずと他の何かで埋まってしまう。こういった時間は、精神的な健康を維持するうえでも不可欠と考える。

介護は、ときに「介護の負担」という問題だけで終わらない。介護がきっかけで、家族間に修復不可能なキズが生じるときもある。典型的な事例について考えていこう。

まずは「介護の負担と相続」についてである。

ある後継者夫婦は、施設に入所している後継者の母を10年にわたって介護してきた。夫は仕事があるため、施設への対応をしていたのは、後継者の妻であった。妻は定期的に施設を訪問して、洋服を持参するなど、必要な対応をしてきた。10年間にわたり旅行もできなかったが、義母から感謝の言葉のひとつもなかった。それでも「それが自分の役割」と言い聞かせてきた。弟夫婦は、都市部に住んで、盆と正月に義母の施設を訪れるだけであった。海外旅行なども楽しんでいた。

問題になったのは、母が亡くなったときである。弟夫婦は、あたりまえのように遺産を折半にしようと言ってきた。「兄夫婦が面倒を見てくれたから」という配慮はまったくなかった。さすがにこれには後継者夫婦の感情が爆発した。自分たちの10年間の苦労がすべて否定されたような気になったのであろう。

しかしながら、現在の法制度の下では、法定相続人が介護をしたからといって、当然に相続時に有利になるということはない。寄与分として調整されることが理論的にはあるが、実務において認められたというケースをあまり目にしたことはない。「親族によるどのような介護がなされたのか」「介護があったとして、経済的に評価できるのか」といった難しい問題がある。これでは介護をしてきた者にとってあまりにも不合理だ。

そこで、民法の改正で令和元年（２０１９年）７月１日から、相続人でなく献身的な介護を担ってきた者などは、相続人に対して金銭要求することができるようになった。たとえば、先の事例では、後継者の妻が弟に対して金銭要求をすることができるとされる。ただし、できるようになったものの、具体的にどのように考慮するべきかは、これからの課題と言える。法律が改正されたからといって、直ちに介護の負担と相続の問題が解決されたわけではない。先の事案でも、結局は介護の負担を考慮せずに法定相続分で話が終わった。もちろん、兄弟間にはぬぐい切れない感情的な対立が残ってしまった。

また、介護については「親族による資産の不正取得」が問題になることもある。判断能力の低下した父母の資産を、介護している子が無断で自分のものにしたというものだ。介護の場面では、一部の子どもが父母を抱え込んで、外部との接触を極端に妨害することがある。**両親の資産管理がブラックボックスになってしまい、他の子どもらとしても不安になる。**そして、いざ親が亡くなると、親の資産が想定よりもかなり少なくなっており、問題が顕在化することになる。

こういうときに、他の子から「父を抱き込んでいた弟が、不正にカネを取ったに違いない。訴えて回収してください」と言われることがある。相談としても多いが、実際に勝つのは相当ハードルが高い。弟が父のカネを不正に取ったことをこちら側にて主張立証する必要があるからだ。弟が不正に取ったことを示す証拠を確保することはかなり難しい。単に父のカネがなくなっているだけでは意味がない。「父は趣味でいろいろ買っていました」と弟に反論されて終わってしまうだけであろう。

こういう場合には、父が存命中に成年後見人の申立をするのもひとつの手だ。成年後見人が選任されれば、父の財産を管理して家庭裁判所へ報告することになるので、親族による不正取得を防止することができる。

ポイント！

・事業承継は先代の判断能力があるうちにやらなければ、意味がない。
・先代の介護を誰がするかが、事業承継に影響を及ぼすこともある。
・介護は、実際に行う者の負担も大きく、トラブルの原因になる。

2

事業承継した後の老後の生活をデザインする

～「老後の資金確保」「終の棲家の選択」「介護してくれる人の決定」～

老後の資金を試算する

私の事務所では、身寄りのない方について「成年後見人」として関与することがある。成年後見人とは、判断能力が低下した人について、本人のために財産の管理や身上の監護を職務とする者である。

ある方は、妻が先立ち、子どももいなかった。この方は自分ひとりで歩行することも困難で、常時サポートが必要な状況であった。施設入所を何度も勧めたものの、妻との思い出のある自宅でのひとり暮らしにこだわられていた。「この家で暮らすこと」が生きがいだったのであろう。毎月のヘルパーなどの介護費用だけで50万円以上かかってしまっていた。

この方は資産があるから可能であった。**自分の希望する暮らしを維持するには、相当な費用がかかることを意識していただきたい。**

私の事務所では、いかなる事件についても、デザインを大事にしている。目の前の問題だけにフォーカスするのではなく、周辺の事実も把握したうえで、全体としての最適解を模索していくこと。これは社長家族の老後の生活をサポートするうえでも同じである。社長の性格、価値観、家族構成、親族間の関係性、あるいは資産といったものはすべて異なる。そのため、「老後の暮らしはこうあるべき」と一方的に提案することはできない。本人の意向を聞きながら、オリジナルなライフスタイルを模索していくことになる。

ここで大事なのは、希望するライフスタイルにおける「優先順位を明確にする」ことだ。「自宅で暮らしたい」「子どもらの来やすい施設がいい」「通院を続ける必要がある」など、介護において様々な検討要素がある。限られた資源のなかですべてを実現することは不可能であるため、優先順位をつける発想が必要になる。

いかなる老後の生活をするにしても、資金が必要だ。普段の生活費もかかれば、年齢を重ねることで医療費や介護費用も自ずと増してくる。日本の状況からして、医療費や介護費用の負担は増えるばかりで減ることは期待できない。しかも寿命が伸びるほど支出する期間も長くなってくる。「老後の生活費を蓄えておかなければ」と考えている人は多いが、具体的に「いくら必要なのか」を試算しなければ、具体的な目標値も設定できない。

ここで問題となるのが、「いかなる生活レベルを求めていくか」である。**いったん手に入れた生活レベルを下げることは容易ではない。**社長は、一般世帯に比較して、収入はあるものの、外食など支出も多い。「事業を頑張ったのだから」と高級車両を手に入れることもあるだろう。自分の努力の証しだから、それ自体が問題ではない。問題となるのは、そういった暮らしを引退後も維持できるかということだ。

社長自身は生活レベルを下げることを受け入れることができても、家族が受け入れられないこともある。引退すれば収入が減少するため、同じ生活を維持していると、資産が目減りしていく。**それなりの資産を構築している人であっても、「資産が減っていく」という状態はこれまで経験したことがないため、精神的な負担になる。**定期的収入がなくなって資産が減少するということは、「将来における生活資金が不足するかもしれない」という不安に結びついてしまう。こういった不安に駆られ、定期的収入を確保するために社長を辞めることができない人もいる。

そこで、まずは現在の暮らしにおける毎月の支出をざっくりでいいので算出してほしい。

「家庭のことは妻に任せていて」ということで、まったく把握していない人も少なくない。実際に算出してみると、たいてい想像よりも多いものだ。その金額が老後の生活のひとつの基準になってくる。金額が大きいと考えるなら、生活レベルを変えていくほかない。

ゆとりある生活をする場合には、夫婦の月額の生活費として35万円と言われることがある。仮に65歳で引退して25年の生活があったとすれば、月額35万円×12カ月×25年＝１億500万円になる。仮に生活費を月額27万円にしても、月額27万円×12カ月×25年＝8100万円ということになる。現実的な数字で提示されると怖くなるかもしれない。

抽象的な未来は、数字で語ることで現実性を帯びてくる。社長の場合には「資産を持っている」といっても、自社株や不動産といった現預金ではない資産の占める割合が大きい傾向がある。「資産はあるが、必要なとき現金化できない」というのでは意味がない。**老後の生活のため、資産の質と量の双方を考えておく必要がある。**

では、具体的な資産を構築するためのポイントを簡単に整理しておこう。

オーナー社長は、自分の役員退職金を、節税あるいは自社株評価を下げるための機会としてしか捉えていないことがある。**役員退職金は、社長夫婦にとってまさに老後の生活費の中心になってくるものだ。**だからこそ、きちんと確保する必要がある。

もっとも、老後の暮らしを既存の資産だけに頼るのは危険である。老後は先が長いために、「減らす」だけでの状況ではなんとも心許ない。穏やかな暮らしをしていくためには、やはり定期的な収入を確保しておきたい。そこでまず確認していただきたいのが、社長の公的年金だ。社長は、社員の年金についてはいろいろ検討するものの、自分の年金に無頓着ということが少なくない。社長にとっても年金は、自分の老後の暮らしを支える安定収入である。これを機会に社会保険労務士に試算してもらうべきだ。それによって、自分で確保するべき老後の資産の範囲がわかってくる。

年金のように定期的に収入が入ってくることは、老後の生活にとって心強い。とくに毎月収入が入ってくるような仕組みを持っていると、介護する側にとっても安心だ。そこで、社長のなかには、アパート経営をはじめとした不動産賃貸業を検討している人もいるだろう。とくに遊休資産としての不動産を所有している人は「自分の不動産を活用したい」という意識もあるため、不動産賃貸業に興味を持ちやすい。毎月の賃料収入は、安定した暮らしの実現のために魅力的である。

ただ、事業であるため、当然リスクもある。**不動産賃貸業をこれからはじめる人は、出口戦略を明確にしておくべきだ。**最初は入居率がよくても、しだいに悪化し、修繕費や固定資産税ばかりかかることになりかねない。一括借り上げのシステムでも、入居率などによって賃料の見直しを要求されることも契約内容次第ではあり得る。さらに銀行からの借入がある場合には、銀行への返済額が賃料だけではまかなえないということも想定される。これでは何のために不動産賃貸業をはじめたのかわからない。売り抜けることができればまだいいが、人口減少の著しい地方の場合、転売できるとは限らない。

社長は、自分がこれまで担ってきた事業であれば、リスクも十分に理解できていると自信があるはずだ。この自信がかえって失敗の要因になる。同じ感覚で別の事業に取り組んでしまい、つまずいてしまうことがある。「この事業では自分は素人だ。だからこそ冷静にリスクを見極めよう」という姿勢が自分の老後のためにも必要となってくる。

終の棲家を選択する

「最後は自宅の畳の上で死にたい」というのは、もはや贅沢な夢だ。実際に自宅で看取られるのは2割くらいと言われている。大半の方は、病院あるいは介護施設で最期を迎えることになる。両親と同居する家族が減ったことや、在宅介護が家族にとって相当の負担になることなどが理由として挙げられるであろう。社長としても、「終の棲家をどこにするか」をあらかじめ決めておかなければ、「不本意ながら入所」ということになりかない。

ある年配の夫婦が私の事務所にいらっしゃった。一代で立派なメーカーをつくりあげた、名うての社長だった。後継者に事業を引き継いだ後も、会長として立派に会社に尽くされていた。もっとも、年齢を重ねてさすがに夫婦ふたりでの暮らしが難しくなってきた。周囲のアドバイスもあって、近くの民間の高齢者施設に入ることにした。その挨拶に来所されて3カ月もしないうちに退居されたとの連絡があった。事情を聞けば、「なぜ知らない人とカラオケしないといけないのか。他人に気兼ねせず暮らしたい」ということだった。結果として自宅を大幅にリフォームして、ご夫婦で暮らされることになった。

社長は、これまでのビジネスを通じて、自分の価値観あるいは世界観というものを明確に持っている。それが事業を構想していくことだからだ。それがある日をもっていきなり「このように暮らしていきましょう」と言われても、「はい、わかりました」となるはずがない。だからこそ、高齢者施設に入ることに消極的な場合が多い。しかも、いったん入居しても、すぐに退居することがある。こういった姿勢を「わがままだ」と批判するのはよくない。こういった姿勢があったからこそ、現在の自社があるのもまた事実だ。

介護の問題は、当事者にならないと真剣に考えないものだ。まずは医療と介護の相違をざっくり捉えておこう。医療は、病気や怪我の治療を目的としたものだ。これに対して、介護は、日常生活を安全に営むことを目的としたものだ。両者は明確に異なるものであるが、利用する側としては「親の支援をしてくれるもの」とひとくくりに捉えてしまうため、制度の違いに戸惑うときがある。

誰しも「親にとってベストの施設を」と願うだろうが、実際に施設を選ぶのは簡単なことではない。介護施設の種類すら一般の人にはわからない。わからないからこそ、比較検討できない。そのため、ケアマネージャー（介護支援専門員）の勧めてきたいくつかの施設からなんとなく雰囲気に合いそうなものを選択するだけになってしまう。

選択する基準を持ち合わせていないから、設備や外見だけで施設を選択してしまい、後悔することになる。図表７に介護に関する施設の概要をおおまかに整理しておくので、参考にしてほしい。実際には、他にもあるのだが、イメージをつくりやすくするために、典型的なものだけを列挙している。

それでは、具体的に施設を選択するときに注意するといいポイントをいくつかお伝えしておこう。あくまで個人的な見解によるものであるが、複数の案件に関与してきた者の経験からのヒントとして参考にしていただきたい。

図表7　介護に関する施設の概要

	公的施設	民間施設
介護必要	特別養護老人ホーム（特養） 介護老人保健施設（老健） 介護医療院	介護付き有料老人ホーム 住宅型有料老人ホーム
自立可能	ケアハウス（軽費老人ホーム）	サービス付き高齢者向け住宅 シニア向け分譲マンション 健康型有料老人ホーム

まず、施設については、ハード面よりもソフト面をよく確認していただきたい。おしゃれな外観や高級そうな調度品などを目にすれば、「これは費用をかけた、いい施設だ」と誤解してしまう。だが、ハード面などは、費用さえかければなんとでもなる。ソフト面は、そうはいかない。時間をかけて人を育てていかなければ、うまくいかない。介護は、人と人が直接ふれあってこそ、意味のあるものだ。しかも、慢性的な人材不足に悩まされている分野でもある。「どういう人がサービスを提供しているか」が圧倒的な違いになってくる。

ある人は「入浴時における扱いがあまりにも杜撰《ずさん》である」ということで、施設を変更したいと相談してきた。介護施設を考えるときには、その経営母体も確認するべきだ。介護施設は、まったく違う分野からの参入というケースも少なくない。介護においては「経験からの暗黙知」といったものが重要になってくる。どのくらいの期間にわたり介護の現場に関わっているかは、ソフト面を知るうえの参考になるため確認していただきたい。

次に、「医療面におけるバックアップ」も確認しておこう。介護の現場では、利用者が突然体調不良になることがある。そういうとき、介護から医療への引き継ぎがうまくいくかがポイントになってくる。小さな施設でも、丁寧なところは医療への引き継ぎに関しても細かくフォローしてくれる。素人には何から手をつけたらいいのかわからないため、こういった施設のフォローはとても助かる。

とくに介護については、医療から戻った後のことも検討しておかなければならない。いつまでも医療機関に入院できるわけではない。とくに最近では短期間で退院を余儀なくされてしまう。介護施設をいったん退所した扱いになって、施設に戻れないということもある。そこから改めて施設を探しだすとなると大変である。介護施設とは、退院後のことについてもあらかじめ情報を共有しておくことがいい。なお同じグループに医療と福祉の両施設を持っているところもある。こういったところでは、医療と介護の引き継ぎがスムーズにいきやすい。もっとも、小規模な介護施設でも医療機関と密接な連携をとっているところもあるので、規模だけで選ぶべきものではない。

あとは、専門職として成年後見業務を担っている社会福祉士を知り合いに持っておくと何かと助かる。こういった方は成年後見業務を担うために、複数の医療機関や介護施設についての情報を持っているものだ。実際に自ら病院や施設と折衝をするので、施設の介護レベルなどもよく把握している。こういったリアルな声こそ役に立つ情報である。しかも、介護保険をはじめとした介護の制度に精通しているため、限られた資源のなかでいかなるサービスを利用すべきかについてもアドバイスしてくれるはずだ。独立している社会福祉士もいるので、あらかじめ相談をしておくといい。

私の事務所でも、多数の社会福祉士と連携しながら、サービスを提供させていただいている。弁護士だからできること。社会福祉士だからできること。そういった各自の役割を明確にして分業するからこそ、効率的な介護を実現できると考えている。

こういったポイントを押さえながら施設を探していただきたいが、最初からベストなものに出会えるとは限らない。つまるところは、実際に利用してみないとわからないものだ。

だからこそ、利用してみて「何か違う」と感じれば、施設を変更することも考えていくべ

きだ。自分の暮らしというものは、自分で選択していくしかない。

介護してもらう者を決める

「子どもの世話になりたくない」と口にする社長は少なくないが、実際には世話にならざるを得ない。子どもと自分の介護の話をすることはあまり楽しいものではないため、とかく先延ばしにしがちだ。親としては「何かあれば子どもで決めてくれるだろう」と安易に考えがちだが、それほど話は簡単ではない。それぞれの家庭があり、親の介護に充てることができる時間にも限界がある。子どもらにしても、「他の誰かがきっと」ということになってしまって、介護の負担で争いになることもある。**言いにくいことだからこそ、早めに誰が介護するのかについて、家族で話し合いを持っておくべきだ。**

社長については、できれば後継者が介護すべきと考える。事業を任せられるとは、いわば先代の歩んできた人生を任せられるのと同じことだ。「事業をもらったので、後はご自由に」では、法律的にはどうであれ、筋が通らないであろう。先代を立てることが組織としての一体感を増すことにもなる。しかも後継者ではない者が介護を担っていると、いつ先代の気持ちが変わってしまって、後継者が排斥されるかわからない。後継者としては、事業をしながら介護の負担まで背負うのは大変である。だが、それが後継者の宿命とも言える。

身近なところで介護をしてくれる人がいるというのは、ありがたいことだ。先代としても、介護されることをあたりまえのことと考えるべきではない。ときに社長は、寂しさから資産を失ってしまうことがある。

よく目にするのが、独り身になった後に知り合った女性に対して、多額の資産を投じてしまうケースだ。何千万円という金額になるときもある。経営者は、自分で意識していなくても、周囲に支えてもらいながら自分の人生を歩んでいる。そのため、「ひとり」という状況に耐えることができないようだ。体力と気力が衰えてくると、「結婚してくれる」「支えてくれる」といった言葉が魅力的に響いてくる。現役の頃であれば一蹴していた甘言ですら、心の拠り所になってしまい、冷静な判断ができなくなる。頼られるほど高揚感に浸り、さらに資金を提供してしまう。もちろん、純粋な恋愛関係もあり、それを否定する趣旨ではない。ただ、なかにはそうとは言い切れないケースもあるとお伝えしたい。

こういった事案は、本人が亡くなった後に遺族の知るところになる。遺族は、あれほどあった個人資産が底をついていることに愕然とすることになる。なかには借入までして資金を提供している場合もある。憤りを覚える遺族は、親の名誉のためにも、女性に返還を求めたいと考える。ただし、実際に裁判で返還を認めてもらうのは相当難しい。基本的には亡くなった人の財産であるため、本人がどのように処分しても自由ということが前提になる。詐欺だと主張するのであれば、具体的な発言などを特定していく必要がある。本人が亡くなっているために、詐欺の有無を明らかにするような資料がなかなか見つからず、裁判でも遺族に不利な判断がなされがちだ。遺族は二重の苦しみを味わうことになる。

「自分で築き上げた資産をいかように処分しようが自由だ」という意見ももちろんあるだろう。だが、本当にそういった発想でいいのか、社長には立ち止まって考えていただきたい。**孤独や寂しさは、ときに個人の冷静な判断を狂わせるものだ。**そこで狂ってしまえば、家族の信用を失い、晩節を汚すことになりかねない。

介護を担う者を決めた場合には、それに見合う経済的な見返りも検討しておく。介護は、それだけで相当な負担になる。負担になるものの、相続時において有利に判断されるのは、限られた場合だけである。これでは介護してきた者として、何ら評価されることなく虚無感に襲われる。**「親族だから」という理由だけで、介護が当然のものと扱われるべきではない。**せめて経済的な配慮は用意しておくべきである。具体的には、生前贈与あるいは遺言で介護した者を有利にしておくなどの配慮が、将来の家族の確執を防止することになる。

身寄りのない社長に関しては、なおさら早めに自分の介護をどのように実現していくかを決めておかなければならない。実際に事務所では身寄りのない社長からの相談も寄せられている。身寄りのない方については、①判断能力がなくなったときの財産管理、②亡くなった際の遺産の処分、③埋葬の方法、④遺骨の整理、を少なくとも決めておかなければならない。「自分の老後は会社の者が」というのは淡い期待だ。そもそも社員といえども、他人であって、当然に社長個人の資産管理や支払いができるわけではない。まして施設の選定などもできるものではない。身寄りのない方については、弁護士などの専門職が生前の財産管理や死後の手続を担うこともある。

いずれにしても、大事なことは単に悩むのではなく、専門家に早く相談することだ。時間をかけて悩めばうまくいくというものではない。動きださない限り、問題は解決しない。

ポイント！

- **老後の生活は資産の「質」と「量」の両面から考えていく。**
- **自分のライフスタイルに合った高齢者施設を見極める。**
- **自身の介護を担ってくれる者に対しては、経済的な配慮を忘れない。**

3 判断能力をなくした後の備えとしての、成年後見制度

～判断能力が低下しても、安定した経営を実現するための切り札～

成年後見を考えるとき

高齢者の生活支援に関して、「成年後見制度」というものを耳にしたことがあるだろう。これは判断能力の低下した方をサポートするものだ。社長に対しても、成年後見制度が活用されることがある。ここでは成年後見制度の概要について説明をしておこう（図表８）。

成年後見制度は「法定後見制度」と「任意後見制度」に大別される。さらに法定後見制度は、本人の判断能力のレベルによって、「後見」「保佐」「補助」に区別される。判断能力を失っている場合には、後見ということになる。

ここでは、後見を前提にして制度の概要を確認していく。判断能力を失った者を「成年

図表8　成年後見制度

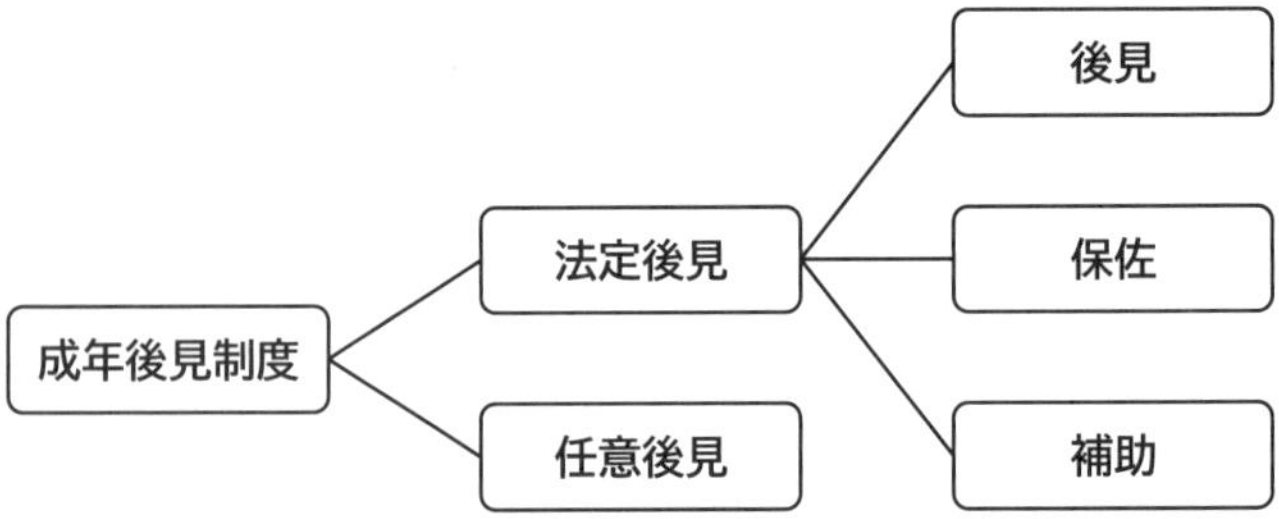

被後見人」、本人のために財産管理などを担う者を「成年後見人」と呼ぶことにする。

成年後見人の選任を余儀なくされるのは、本人の財産を処分するときである。たとえば、ある社長は、長年にわたり寝たきりの状況で意思疎通ができない状況であった。病院の診察及び入院にかかる費用は、妻が夫の通帳から適宜支払いをしており、困ったことはなかった。問題が生じたのは、夫名義の不動産を売却することになったときだ。なかなか売却できなかった物件であったが、たまたま購入希望者が出てきた。価格としては悪くなく、将来の介護費用を考えれば、家族としても売却するべきと考えていた。ただ、司法書士からは「夫名義の不動産であるため、このままでは売却できない」と言われた。つまり、夫に判断能力がないため、いくら家族が同意しても売却できないということだ。そこで妻は仕方なく、家庭裁判所に成年後見人の選任を申し立てて、不動産を売却することになった。このように、不動産を処分するために成年後見人の選任を考えるケースは少なくない。

他にあるのは、相続における遺産分割の場合である。最近では高齢化から亡くなった方だけでなく、相続人自身が高齢の場合も少なくない。遺産分割を成立させるためには、相続人全員に判断能力が必要とされる。ひとりでも認知症などで判断能力を失っていれば、成年後見人を選任せざるを得ない。本人に変わって無断で押印することはできない。周囲から「このままでは遺産分割できないから困る」とせっつかれて、やむなく成年後見人の準備をすることになる。他にも、本人が事故に遭って判断能力を失った場合に示談をするため、成年後見人の選任を求められることがある。施設入所の条件として、成年後見人の選任を求められることもある。**成年後見人の選任は、何らかの必要性があってはじめて検討することが圧倒的に多い。**

成年後見人は、法律で定められた範囲の親族が家庭裁判所に申し立てをすることが一般的だ。このときに本人の判断能力についての医師の所見などを添付することになる。そのうえで家庭裁判所が条件を満たしていると判断すれば、成年後見人を選任することになる。**親族が選任されることもあれば、弁護士などの専門職が選任されることもある。**選任された成年後見人は、本人のために財産管理と身上監護を担当することになる。

まず財産管理として、成年後見において本人の財産を包括的に管理することになる。施設の料金の支払いなどは、成年後見人が本人の口座から引き出して支払いをすることになる。次に、身上監護とは、本人のために施設の選定といった生活環境を整えていくことであって、実際に本人の身体の介護をするものではない。身上「監護」であって、身上「看護」ではない。必要があればヘルパーを手配することなどが、成年後見人の役割になる。成年後見人は、本人の資産状況あるいは自己の業務内容を、定期的に家庭裁判所に報告しなければならない。

成年後見人の主たる目的のひとつは、本人の財産を守ることにある。本人が無断で行った契約については、成年後見人として取り消しできる場合もある。本人の財産を守るということは、本人の財産を他の者が自由に触れることができないようにすることでもある。**そのため、親族の一部が親の財産を不正に利用していることが疑われる場合には、成年後見人の申し立てをするのもひとつである。**これによって親の財産は、成年後見人が管理することになるため、他の親族が無断で処分することを防止することができる。ただし、本人の財産を峻別《しゅんべつ》することで、かえって融通が利かなくなることもある。

たとえば、妻が夫の通帳から必要に応じて生活費を引き出していたとしよう。夫婦であるから、夫の通帳から引き出すこともあり得ることだ。だが、夫に成年後見人が選任されると、妻だからといって自由に夫の通帳から生活費を手にすることができるわけではなくなる。妻といえども、本人ではないからだ。あくまで生活に必要と判断される範囲で成年後見人から受け取ることができるようになる。「本人のため」と思い、成年後見人を選任したら、「却《かえ》って手間が増えた」という声は少なくない。

最近では、高齢者の資産管理の新たな方法として、信託契約の活用が語られることも増えてきた。信託契約は、うまく活用できれば有効な手法のひとつになる。ただ、契約内容が複雑であり、「信託契約をすれば、節税効果がすぐに出る」という誤解をしている人もいる。判例においても、遺留分制度を潜脱するものであり、公序良俗に反して一部無効とされたものもある。導入する際には、契約内容及びデメリットについても慎重に確認していただきたい。

いずれにしても、「これさえしておけば大丈夫」という完璧な制度はない。それぞれの制度の持つ意義と限界を把握して選択していくことが求められる。

成年後見人の限界

高齢者の財産と生活を守る観点から、成年後見制度は有用な手段である。もっとも、成年後見制度が老後の問題のすべてを解決できるわけではない。すべての制度に限界がある。成年後見制度にも限界があり、十分に普及していないのが現状である。ここでは、社長の家族を中心に、成年後見制度に関わる悩みについて整理していこう。

成年後見人の目的は「資産を守ること」であって、「資産を運用すること」ではない。成年後見人は、限られた本人の資産を介護費用のためなどに利用していくことが役割とされている。そのため、資産の運用はできず、不要な支出を抑え、資産の目減りを防止することが中心となってくる。

たとえば、本人の資産を利用して、既存のアパートの修繕をすることは可能である。だが、アパートは経年劣化をしており、建て替えたほうが有利な場合もあるであろう。このとき、他の家族が望んでも、本人の財産であるため、アパートの建て替えをすることはおそらくできない。それは資産の運用になってしまい、成年後見人としてできる範囲を超えてしまうからだ。いくら他の親族が「父の財産を建て替えてもらってもかまわない」と言っても、家庭裁判所が問題視する可能性が高い。

他にも、本人の資産で出資をする、あるいは株を購入するといったこともできない。いずれも投資行為であって、成年後見人の判断で不当に本人の財産を減少させてしまうリスクがあるからだ。成年後見人がついてしまうと、事業承継の対策も自由にできない。

たとえば、自社株や金銭を贈与することができなくなる。生命保険にも一般的には加入することができなくなる。我々は何気なく「資産を守る」という言葉を利用しているが、正確には「家族の資産を守る」という意識だ。**成年後見人には「家族全体としての資産を管理していく」という視点はない。あくまで対象となる個人の資産を管理するものだ。成年後見人が選任されることで「個人の資産」として明確に切り分けて管理されることになる。**生活費が足りないからといって、自由に口座から引き出すこともできなくなる。それが親族にとって不自由さを感じさせることになる。

成年後見人は、親族が選任されるとは限らず、第三者が選任されることがある。成年後見人は、申し立てがあってから家庭裁判所が選任する。親族としては、当然父母の成年後見人として子どもらが選任されると想定しているだろう。だが、子どもらがいて「自分が成年後見人として管理していく」と積極的に申し出ても、成年後見人に選任されるとは限らない。家庭裁判所は、申し立ての際に、他の法定相続人の作成した同意書の提出を求めることがある。成年後見人選任の申し立てをすること、及び成年後見人として特定の親族を推薦することなどについての同意である。

同意書がそろわない場合、家庭裁判所は、親族間の対立が懸念されると判断して通常、特定の親族を成年後見人に選任しない。リスクを回避すべく弁護士などの専門職を成年後見人に選任することになる。いずれの親族とも面識のない専門職が選任される。簡単に言えば、ある日を境に面識のない者が親の財産を管理することになる。**成年後見人は、あくまで成年後見人としての職務をまっとうするのであるから、親族から「こうしてほしい」と依頼があっても、総合的に判断して応じられないこともある。**これは親族が成年後見人に選任された場合であっても同じではあるが、やはりまったく面識のない人から「できません」と言われても、なかなか承服することができないようだ。

根底には「なぜ、親の資産を子どもが自由にできないのか」という感情があるのだろう。親と子どもは別の人格であり、子どもだからといって、自由に親の財産を利用することができるわけではない。なお、成年後見人として選任された専門職の報酬は、家庭裁判所が決定し本人の資産から拠出される。

成年後見人の選任は、事業に直接的な影響を及ぼすこともある。成年後見人の選任は、取締役の欠格事由とされている。成年後見人が選任されれば、取締役としての資格を当然に失うことになる。役員報酬を得ることができなくなるため、本人の生活費用の確保に困ることもある。

問題は、本人が自社株を保有している場合だ。**本人は判断能力を失っているから自ら株主として自社株についての権利を行使することはできない。**理論的には、成年後見人が代理人として本人の自社株について権利を行使することができそうである。しかしながら、これが自由に認められると、事業に無関係の成年後見人が自社株の権利行使を通じて事実上会社を支配することができる場合が出てくる。

たとえば、本人が発行済株式数の過半数を持っていれば、取締役を解任させて自分の判断で取締役を選任することができてしまう。これでは企業としても成立していかないであろう。そのため成年後見人が自社株について権利行使まで実施できるのかについては争いがある。

さらに成年後見人が選任されるということは、本人の判断能力がないということになるため、遺言すら作成することができなくなる。親族間の対立が激しくなると、「兄夫婦が判断能力の低下しつつある両親に無理に遺言を書かせるかもしれない」という疑念を抱くことがある。**そこで財産管理を明確にして、不当な遺言を書かせないために成年後見人の申し立てがなされることもある。**

遺言については、事後的に作成当時の本人の判断能力が争われることがある。このとき「遺言が作成されたときに判断能力がなかったはず」と主張、立証するのは簡単なことではない。仮に認知症という診断があったとしても、直ちに遺言の作成について「判断能力がなかった」という認定になるとは限らない。成年後見人が選任されると、遺言を作成するために厳格な要件が求められる。

たとえば、医師2名以上の協力などが求められる。実際には成年後見人が選任された後に遺言を作成するのは相当困難である。だからこそ、遺言の作成を阻止するために成年後見人の申し立てをする方もいる。

財産管理を後継者に任せる

このように、法定成年後見人は、家庭裁判所が選任するため、誰が自分の財産を管理することになるのかわからない。まったく知らない者に自分の財産を管理されるのは、誰しも望まない。ましてて自社株の権利行使までされてしまえば、会社を事実上乗っ取られてしまう危険も伴う。やはり自社株の権利行使は、後継者に任せたいであろう。後継者としても、他の人から親の代わりに経営に口を出されることは避けたいはずだ。そこで社長には、元気なうちに後継者と任意後見契約を締結することをお勧めする。

任意後見契約とは、将来自分の判断能力が低下した場合の財産管理などを任せることを内容とした契約である。この契約は、公正証書で作成することが必要とされる。**任意後見契約は、自分が元気なうちに財産管理を任せたい者と契約をすることになる。先代と後継者が契約をすれば、将来において後継者が先代の財産を管理することになる。**

どの範囲で管理するかについては、契約の内容において設定することになる。具体的には、後継者に代理権を付与する範囲を「目録」という形式で記載していくことになる。実務的には、網羅的に管理できるように記載しておくことが多い。いざ後継者が先代の財産を管理することになって、「この部分は管理できません」ということになると、むしろ管理しにくい。

任意後見契約は、作成すればすぐに効力が発生するものではない。先代の判断能力が次第に低下してきたと認められると、後継者において家庭裁判所に申し立てをする。すると家庭裁判所が「任意後見監督人」という立場の者を選任することになる。通常は弁護士が選任されることが多い。任意後見監督人は、任意後見人、つまりここでは後継者が適切に業務を遂行しているかを確認する立場の者だ。任意後見監督人が決まったところで後継者は任意後見人として先代から委ねられていた財産管理などを実行していくことができる。

つまり、任意後見人だからといって、自由に本人の財産を処分できるわけではない。

任意後見契約においては、株主としての権利行使についても、代理権を契約当事者である後継者に付与することを明示しておく必要がある。この記載がなければ、自社株について権利行使ができるのか、争いになることが予想されるため、注意を要する。記載のないまま先代の判断能力が低下すると、任意後見契約の内容を変更することもできない。これでは、「任意後見契約は締結したものの、自社株の権利行使を代理できない」という事態にもなりかねない。

なお、もうひとつ注意を要するのは、定款の記載である。定款において「代理人による権利行使を認めない」と定めている会社が散見される。これは予定しない第三者が代理人を名乗って株主総会に参加することを防止するために設定されたものである。任意後見人もあくまで代理人という立場にある。そのため、この定款の定めがあると、任意後見契約で自社株についての権利行使を後継者に委ねても、実際には権利行使できないということになりかねない。**任意後見契約を締結する際には、定款の記載にも注意していただきたい。**

なお、任意後見契約の効力の発生は、取締役の地位の欠格事由ではない。そのため、理論的には任意後見契約が発動した後でも、取締役であり続けることはできる。だが、現実的には、判断能力が低下しているがゆえに任意後見契約が発動しているため、取締役の地位を離れることが相当であろう。

任意後見制度をはじめとした高齢者の財産管理の制度は、すでに用意されている。必要に応じて選択あるいは併用をしていくことになるが、いずれにしても何らかのデメリットがある。そのデメリットを理解したうえで、「自分の老後をどのようにデザインするか」という観点から制度を活用していただきたい。**新しい制度あるいは複雑な制度だからといって、安心できるものではない。むしろシンプルな制度のほうがリスクを把握しやすいため、実務では使いやすい。**

いかなる制度を利用するにしても、制度は制度でしかない。やはり介護の根底には「慈しみの精神」があってほしい。世の中には複雑な家庭もある。いくら親族といえども、様々な感情がこみ上げてくる家庭もあるだろう。ただ、人が老いて亡くなっていくというのは戻れない歩みである。亡くなった後には愛情を伝える相手もいなくなってしまう。それはあまりにも辛いことだ。感情を超えて支援することで、新しい感情が芽生えていくこともある。その愛を忘れないでほしい。

ポイント！

- **成年後見制度は、判断能力が低下した人をサポートするための制度。**
- **成年後見制度によって、本人の資産を管理することができる。**
- **先代は自身が元気なうちに後継者との間に任意後見契約を結ぶべき。**

第5章

「事業承継」の視点から見た、経営者の相続対策

本章では、事業承継における相続について、「社長」という視点から説明をしていく。

相続に関するセミナーは、おそらくどこかで参加されたことがあるはずだ。「相続対策をしましょう」となんとなくアドバイスを受けつつも、手つかずという方は少なくない。いくら説明を聞いても、「うちは大丈夫」と安易に考えて、行動につながらない。

相続に当事者として関わるのは、人生において、数えるくらいしかない。だから、相続トラブルに巻き込まれたことがない人は、親族間で争うことの大変さがわからない。一度でも相続トラブルに巻き込まれたことがある人ならば、「あんな経験をさせたくない。なんとか対策を取らなければ」という強い動機づけになる。

相続対策をしなかったことによって苦しむのは、残された家族であって、亡くなった本人ではない。亡くなった後に「きちんとしてくれていた」と慕われるか、「なんで、もっと考えてくれなかったのか」と非難されるかは、先代社長の生前の対策如何《いかん》によって決まる。**いわば、死後の価値は、生前の判断により決せられる。**相続対策は、相続税対策ではない。「事業と家族を守るため」のものだ。

本章ではまず、「なぜ、相続において、親族間の対立が生まれてしまうのか」について、事例をベースに検討していく。相続の争いは、「経済的な争い」というよりも、「感情的な争い」という側面が強い。「1円でも多く財産を確保したい」というよりも、「あいつの思うように話が進むことが許せない」という感情が先立ってしまうために、合理的な判断を見失って、いつまでも話が終わらない。しかも、遺産の中に自社株や不動産といった、分割しにくい財産が多いと、感情的な対立はさらに激化しやすい。相続の争いは「いかに感情的な対立を抑え込むか」がポイントになってくる。

次に、相続の課題を確認したうえで、個人資産の見直しから話をはじめていく。オーナー会社では、会社と個人が経済的に一体化している。社長としても、両者を一体のものとしてイメージしてしまうが、相続の対象になるのは、個人資産のみである。**相続を考えるうえでは、戦略的に会社と個人の資産を切り分けて、個人資産の構成を分けやすいものに変更していく必要がある。**相続も投資のひとつで、戦略が必要だ。

そのうえで、最後に相続対策の中心になる遺言の作成を検討していく。社長は、遺言の必要性を理解しつつも、実際には用意していない。社長が遺言に対して及び腰になってしまう理由から解きほぐしていく。**遺言は、それがあるかどうかだけで、将来の紛争に決定的な意味を持つ。**社長として、いかなる遺言を作成するかは、自分の人生を語ることに等しい。事業と家族の繁栄を願うのであれば、不可欠なものである。

1 なぜ、相続において、親族間に争いが起こってしまうのか

~家族ゆえの愛が憎しみに転じてしまう不条理な世界~

何を守ろうとしていたのか

将来のことは誰にもわからない。「うちは家族の仲が良いから」という安心感は、将来の平穏を担保しない。むしろ、楽観視して対策をしないからこそ、問題が発生してしまう。それが相続紛争というものだ。

相続の争いとは、親族間の感情の対立である。感情の対立がたまたま「遺産の取りあい」というカタチで表現されたものでしかない。感情的な争いだからこそ、合理的な判断が失われてしまう。たったひとつの不動産だけで5年以上にわたり裁判を継続した家族もある。もはやコストなど関係ない。「相手の言い分を聞く」ということ自体が耐えられないわけだ。

私はこれまで様々な遺産分割に関与してきた。根底にあるのは、やはり家族の確執だ。人は誰しも「家庭内の確執を外部に知られたくない」と必死だ。ある女性は、家族の不仲が外部に発覚しないように、「いい家庭」というベールを必死になってかぶせていた。それが夫の死によって一気にタガが外れてしまい、子ども同士がいがみ合う関係になってしまった。そのときの「私はいったい、何を守ろうとしていたのでしょうか」という言葉が印象的だった。

親族間の対立は、親子の対立もあれば、子ども同士の対立ということもある。**親子の対立は、先代の後継者への期待と後継者と目された者の希望の相違から生まれることが多い。**先代としては、自分がつくり上げた会社をやはり子どもに引き継いでほしい。これに対して、後継者と目された者が、必ずしも社長になりたいとは限らない。ワンマンな父親を反面教師として、おとなしい性格に育った子もいる。子の性格に関係なく、「お前は会社を継げ」と一方的に言うことは、子にできないことを強要して、不幸な結果を導くことになる。「親と子は違う」という、あたりまえの事実を受け入れることができないのであろう。

子ども同士の対立も同じような構造だ。「小さい頃はあんなに仲が良かったのに」と言われる兄弟は少なくない。しかし、過去に仲が良かったからといって、将来においても同じとは限らない。むしろ仲が良かったからこそ、確執が大きなものになってしまう。

子どもらは、同じような生活環境で成長していく。だが、現実には年齢とともに、各自の生活環境は変わってくる。収入も職業もまったく違ったものになってくる。それを個人の努力の結果だと結論づけるのは、容易かもしれないが、本人として受け入れることができるものではない。**「同じ兄弟なのに、なぜ、これほどに違いがあるのか」という劣等感は、しだいに他の兄弟に対する根拠なき批判へと変わっていく。**「自分だけが不遇な扱いを受けている。不公平だ」という感情になっていく。

こういう感情に襲われてしまうと、相手の足を引っ張ることだけが、目的となってしまう。いくら相手から合理的な提案がなされても、「自分だけを不利にする提案に違いない」と最初から身構えて、内容に関わりなく拒否することになる。相手も「せっかくの提案を無下にして」と、さらに感情的になってしまう。不公平感は何をしてもおさまらない。

不公平感は、後継者である者と後継者でない者との間で、とくに苛烈なものになる。家族にとって、後継者になるかどうかは決定的な違いである。しかも後継者と非後継者では、世界の見え方も違う。後継者は「これから社員を守っていかなければならない。借入の連帯保証人にもならなければならない」という高揚感と不安感の混じりあった感情であろう。

これに対して、非後継者からすれば「親のつくった金のなる木を手に入れてうらやましい」ということになる。なかには後継者になれなかったばかりに、「自分は親から否定された」という劣等感に襲われてしまう者もいる。いくら周囲が「それは違う」と言ったところで、聞く耳を持たない。**落ち込んだときには、前向きな話よりも、沈んだ話のほうが耳に入りやすい。**そのため、悪意に満ちた者からの甘言に流されて、家族と全面対立する者もいる。

ある家族は、不動産管理会社を経営していた。経営といっても、賃料収入から費用を控除したものを役員報酬として支払うというシンプルなものであった。社員もおらず、役員として先代の妻、長男と長女がいるだけであった。先代の妻は、代表取締役であったものの、高齢であったことから業務の大半を長男に任せていた。長男は、契約の管理から現場の掃除まで、様々なことを担当していた。この状況下で、先代の妻が亡くなった。

妻は、自社株の大半を先代から相続していた。長男は、これまでの実績から、当然に自分が自社株をもらって社長になるものと考えていた。不動産仲介業者をはじめとした周囲にも「これからもよろしく」と挨拶をしていたほどであった。ただし、ここで物言いがついた。それは姪にあたる妹の長女であった。妹の長女としては、安定した賃料が入る不動産管理会社は魅力的であったのだろう。自分の子から説得された妹が「この会社は両親の思い出もあるからほしい」と言い出したため、話が難しくなった。長男からすれば、青天の霹靂であって、怒り心頭である。もちろん、話し合いがつかずに家庭裁判所における調停ということになった。お互いの意見が出るたびに、本筋から外れた議論が展開されるばかりで、何も決まらない時間が過ぎ去っていった。

遺産分割調停は、ちょうど積み木を積み上げていくイメージに近い。少しずつ合意していきながら、最終的な合意を目指すものだ。だが、感情的になると、一度決まった合意内容すら反故《ほご》にされて、最初からやり直しということも珍しくない。**自社株には、分割の基準というものがない。「後継者だから」「経営手腕があるから」という理由で、自社株を当然に有利に相続できるというものではない。**あくまでひとりの子として交渉の場に立つことになる。話し合いがつかなければ、家庭裁判所が「審判」という形式で判断を下すことになる。その内容によって誰が後継者になるかが、決まるかもしれない。後継者としての地位を他の誰かに決められるのは、あまりにも辛いことであろう。

経営は、実際に自分でやってみなければ、苦労がわからないものだ。むしろ、経営をしたことがない者ほど、経営を語り、華やかな側面ばかりに目を奪われてしまう。それが後継者には腹立たしい。

こういったトラブルを避けられるかは、先代がいかなる対策をとっておくかに尽きる。**可能であれば、生前にすべての自社株を後継者に譲渡しておくべきだ。**それが難しいようであれば、遺言で自社株を後継者に遺すことができるようにしておかなければならない。愛情とは、ただ見つめることではない。行動をともなってこそ、語るに値する。

不動産が資産とは限らない

日本人は、不動産に対して、並々ならぬ思いをかけてきた。今でも個人資産の約７割を不動産が占めると言われている。とくに社長にとっては、不動産は銀行からの借入における担保としての意味もあった。そのため、社長の個人資産においても、不動産の占める割合は少なくない。もっとも、見方を変えれば、財産として分けにくい不動産が多く、分けやすい現預金が少ない。それゆえ、相続の争いが起きやすいとも言える。社長に限らず、不動産を原因とした相続争いは後を絶たない。

不動産がもめる原因になるのは、物理的に分けることができず、かつ絶対的な評価方法がないからだ。同一の不動産でも、様々な評価方法がある。相続税の算定においては「このように評価する」というものが決まっているが、遺産分割の協議においては「唯一の評価基準」といったものはない。明確な基準がないゆえに、不動産の評価について争いが起きてしまう。

たとえば、不動産が遺産に含まれる場合には、相続人の誰かが単独で相続したうえで、他の相続人に対して金銭的に解決することが多い。不動産を手にする者としては、他の相続人に支払う負担を軽減したいために、できるだけ不動産の評価を下げようとする。これに対して、他の相続人は、手元に入ってくる金銭を多くしたいために、不動産の評価を上げようとする。双方が少しずつ譲歩しながら、「では、これで」という価格が、遺産分割における不動産の評価ということになる。

もちろん、協議が粛々と進めばいいが、実際には混乱することが多い。相続人が多くなるほど難しい。ひとりでも「それでは納得できない」となると、暗礁に乗り上げてしまう。不動産の相続を当事者で決めるのは、相当にハードルが高い。誰かが根負けするまで延々と主張が続く。あるクライアントからは、あまりにも無茶な相手の言いぐさに「もういいです。ほとほと疲れました」と言われてしまい、フォローするのに弱ったことがある。

不動産がもめる原因として、もうひとつある。それは「不動産価値の下落」だ。かつての日本では、不動産を所有することがすなわち財力であった。だが、少子高齢化及び都市部への一極集中化などにより、それはもはや幻想でしかない。不動産が投資としての価値を持つのは、もはや一部の大都市圏だけであろう。**地方都市では、不動産価格が下落して、「売れない」という状態が恒常化している場合がある。**

「価格を下げればいい」と言えば簡単だが、人は自分の持っている資産について価値があると錯覚しやすい。そのため、自分の想定する価格よりも低額で手放すことに著しいストレスを抱えてしまう。こうやって売れない不動産はさらに売れない状況になる。

不動産は、所有しているだけで、固定資産税や修繕費といった経費がかかってしまう。結果として、「誰も相続したくない」という状況になってしまう。**遺産分割は、不動産について「価値ある資産」ということを所与の前提としてきたと言える。その前提が崩れてしまったゆえに混乱を招いている。**

相続放棄をすれば、不動産は相続しないものの、現預金を含めたすべての遺産についても放棄することになる。現預金を相続しようと思えば、不動産についても協議しないといけない。価値のない不動産は不要だが、その他の財産は欲しい。それが相続人の本音であろう。しかし、そんな都合のいい話はなかなか実現しない。

たとえば、地方の実家を誰が相続するかで、「自分はいらない。その代わりカネが欲しい」と全員が述べるときもある。誰かが実家を相続しなければ話は終わらないため、しぶしぶ誰かが手を挙げたとしよう。そうすると、他の相続人からは「不動産を手に入れるのだから、代わりになる現金を用意してくれ」と平然と言われて頭にくる。

本人としては、仕方なく相続しているつもりだ。むしろ、将来の固定資産税などを考慮すれば、「こちらがカネをもらいたいくらいだ」というのが本音であろう。ときに「誰かに売却して売却代金を分ければいい」と安易に考える人がいる。しかし、簡単に売れるような価値ある不動産であれば、誰も苦労しない。買主がつかないからこそ、悩むわけだ。実家に限らず、先祖の名義の山や荒れた田畑など、重荷になっている不動産はいくらでもある。

仮に不動産に価値があっても、争いになる。社長のなかには、不労所得や相続税対策として、アパートをはじめとした収益物件を所有している場合も少なくない。こういうケースも、将来において相続トラブルを引き起こしやすい。

アパート経営では、複数の物件を所有している場合が少なくない。アパートによって入居率に差異が出てしまう。新しい物件、駅から近い物件などであれば、入居率も高く、資産としての価値も高い。これに対して、古い物件では、入居率が悪いだけではなく、修繕費など、コストばかりかかる可能性があり、資産としての価値も低い。そうなれば、誰しも資産価値の高い物件を欲しがり、紛争となってしまう。

しかもアパート経営では、自分の所有する土地に銀行からの借入で建物を建設している方もいる。**不動産で相続税を節税することができるのは、それが現金ではなく、評価を伴う不動産だからであって、借入があるから節税になるわけではない。借入は負債でしかない。**相続人は、こういった負債も引き受けることになることを確認しておかなければならない。

アパート経営においては、「相続税を圧縮できる」ということばかり意識している人がいるが、危険だ。たしかに相続税を圧縮することはできるかもしれないが、他のリスクを背負うことも当然ある。たとえば、人口減少や経年劣化によって入居率が低下して、銀行への返済が苦しくなることがある。費用がかかるから手放そうにも、残ローンよりも低額でしか売却できなければ、ローンだけが残る。ひどいときは「売れない」という事態にもなりかねない。

不動産投資の成否は、投資の時点において「出口戦略が適切に組み立てられているか」によるところが大きい。仮に相続税を軽減することができても、将来において維持費がかかり売却もできないとなると、負の資産を抱えこむことになり、意味がない。

ときに、いわゆる「一括借り上げシステム」について、相談を受けるときがある。一括借り上げシステムを将来にわたり「同じ賃料」で借り続けてくれるものと誤解しているケースがある。借り上げシステムにおいても、一定の条件のもとで賃料の減額などができるように契約は設定されていることが多い。

アパート経営におけるリスクは、基本アパートを建設した者にかかると考えておくべきだ。「そんなこと聞いていない」と言っても、後の祭りである。アパート経営などをする場合には、事前に中立的な弁護士の意見を聞いてリスクについても把握しておくべきだ。

このように、不動産は相続トラブルの大きな要因になっている。当事者においてバランスのとれた解決策を求めたとしても、全員が納得できるような解決案はなかなか出てこない。問題が解決できないからといって、安易に共有名義にしてしまうと、「いざ売却のチャンス」というときに、ひとりでも反対すれば売却できない。しかも固定資産税などの経費の分担にも応じてくれないだろう。

先代は、不要な不動産を現金化したうえで、必要な不動産について遺言で誰に遺していくかを明確にしておかなければならない。そのとき、「資産価値が低い」と考えるものについては、将来の経費も考慮して、現預金を多めに渡すなどの配慮が必要になる。

私もあなたの子です

「誰が相続人であるか」は自明のことのように思われるが、想定外のことに出くわすこともある。

たとえば、男性経営者が結婚して子Aが生まれたとしよう。男性経営者は、性格の不一致から、妻と離婚することになった。このとき、Aの親権は妻のものとなった。男性経営者は、他の女性と再婚して、子B及び子Cが生まれた。

この状況で男性経営者が亡くなると、相続人は、再婚した妻とその妻との間に生まれた子B及び子Cだけでなく、前妻との間に生まれた子Aも当然含まれる。離婚しても、親子の関係は維持されるからだ。男性経営者の後継者である子Bは、これまでまったく会ったことのない子Aと自社株を含めた遺産分割の協議をしなければならない。そもそも子Aの所在から調べていかなければならない。しかも子どもは、いくら法的に兄弟姉妹といえども、父親のことでなかなか話しにくいところもある。対応を間違うと、感情的な対立になってしまいかねない。

とくに子Aが不遇な生活を余儀なくされていると、子Bらに対する反発も強くなる。「なぜ、あなただけが父から認められ、後継者になれるのですか。私も父の子です」と詰め寄られて返答に困った後継者もいた。相手の気持ちもわかるがゆえに、沈黙するしかなかったそうだ。したがって、**離婚した相手との子どもともできるだけ良好な関係を維持しておくべきだ。**「養育費さえ支払っておけばいい」というのであれば、自分が旅立った後にトラブルを引き起こすことになりかねない。

クライアントの社長からは、「妻とは別の女性の間に、子どもがいる」という相談を受けることもある。婚姻関係にない女性との間に子どもができた場合には、それだけでは当然に父子関係は成立しない。ここで父にあたる者が認知をすれば、父子関係が生じることになる。個人的な印象ではあるが、責任を感じて、認知をしている方が圧倒的に多い。子どもの将来を考えれば、やはり認知するべきであろう。認知をしたうえで、養育費を支払うことで、支援をしていくことになる。仮に認知を拒否しても、女性の側から認知を要求されることもある。話し合いがつかなければ、認知を求めた裁判ということになる。

社長のなかには、こういった子の存在を妻に隠し続けようとする方もいるが、たいてい何らかのきっかけで発覚する。そもそも、妻は夫が正直に話す前に感づいていることが多い。感づきながらも、知らないふりをし続けることが辛かったと話されていた方もいた。

認知は相続にも影響する。**認知をすれば、父子関係が成立するため、父親にあたる者が亡くなれば、妻との間に生まれた子も、他の女性との間に生まれた子も、同じく子として法定相続人になる。**妻との間の子とは、法律的には「兄弟姉妹」という関係である。そのため、夫が亡くなれば、非嫡出子を含め、遺産分割を協議しなければならない。

父である社長からは、「嫡出子と非嫡出子が出会うことを避けたい」という相談を受けることも珍しくない。なかには、「非嫡出子にはすでに十分な支援をしたので、嫡出子のみに遺産を遺したい」という依頼もあるが、基本的に断っている。それは非嫡出子への対応として、あまりにかわいそうだ。それに遺言でどのように記載しても、法律で非嫡出子にも遺留分が認められているので、かえって相続人間の争いになってしまう。

しかも、意外かもしれないが、妻自身も非嫡出子に遺さないことに反対するケースが多い。ある女性は「夫のしたことは今でも許せない。それでも生まれてきた子どもには何ら責任はない。ここで不平等な扱いをするのは不憫《ふびん》すぎる」と語られていたことがあった。母の愛というものを感じた瞬間だった。

こういった場合に、相続でもめる事項について、もう少し確認してみよう。まず遺産の範囲である。長年にわたり交流のなかった子からすれば、亡くなった親の生活状況も資産もまったくわからない。そもそも亡くなったことすら知らされていないこともある。そういう状況で、いきなり「他の相続人」と名乗る者から「相続放棄をしてください」「これで納得してください」と言われたら、困惑するうえに、許せない感情になってしまう。こういった感情は、「他の相続人は、財産を隠しているのではないか」という疑念につながる。**いったん疑念を抱かれると、「財産はこれだけです」といくら説明しても、納得してもらえない。**遺産分割において、いつまでも釈明を求められることになる。まさに「ないことの立証」という〝悪魔の証明〟を余儀なくされることもある。

これは亡くなったときの財産のみならず、生前贈与の調査にも及ぶ。「他の相続人だけ、生前に贈与を受けていたのではないか」という指摘である。関連して、「自分は十分な支援を受けていないので、相続時に配慮されるべきだ」と主張されるときもある。さらには、自社株が含まれると「自分も経営に関与したい」という思いから、自社株の取得を求めてくることもある。これを金銭的に解決するとなると、他の相続人にとっても相当の負担になることがある。

相続税の申告でも苦労することがある。相続税の申告は、話し合いをつけて「亡くなってから10カ月以内」という期限内に、相続人が共同で実施するのが原則である。だが、相続人が争いだすと、10カ月ではとうてい解決できないことが多い。

この場合、いったん期限内に各自が納税しないといけない。**手元に遺産はまだ入ってこないのに、税金だけポケットマネーから支払うことになる。**しかも、共同での申告に協力しない相続人もやはり出てくる。この場合には、それぞれが別に相続税を申告することになる。これでは、人によって申告書の内容に相違が出てしまう可能性がある。ある人が亡くなったときの相続税について、財産の範囲や評価が相続人によって異なるというのは、おかしな話だ。税務署から整合性について、照会を受けることも当然あり得るであろう。

ポイント！

- **相続の争いは感情的な対立に起因するため、泥沼化することがある。**
- **相続財産のうち、不動産は分割や評価が難しく、もめる原因となる。**
- **前妻の子や非嫡出子がいた場合、争いがさらに複雑化することもある。**

2 事業承継においては、法人と個人の資産を切り分ける

～相続税の対象となるのは、先代の個人資産のみ～

リスクゼロはあり得ない

相続対策が進まない原因のひとつとして、「誰に」「何を」「いかにして」遺すかなど、判断要素が多すぎることがある。判断要素が多すぎるために、バランスをとることが難しく、先送りになってしまうのが現状だ。**もっとも、いかに検討したとしても、完璧な相続というものはない。**

そもそも相続は、将来の出来事であって、将来のことなど、誰にもわからない。しかも、相続人間のバランスをとろうとしても、不動産をはじめ分けにくい財産もあるため、法定相続分に応じて完璧に分けることも容易なことではない。**だからこそ、「それなりのバラン**

スがとれればいい」というくらいの心持ちが大事だ。検討よりも、遺言を書くなどの具体的な行動こそ求められる。

相続対策は、資産の棚卸しからはじめる。自分の手元にいかなる財産があるかを確認しなければ、方向性を見誤る。相続の対象は、あくまで個人の資産であって、法人の資産は含まれない。だが、オーナー会社では、法人と個人が経済的に一致している。**オーナーの相続を考える場合においても、法人と個人双方の資産の全体を考慮しなければならない。**

そこで、まずは法人と個人の資産を整理していただきたい。イメージとしては、法人と個人について、それぞれ貸借対照表を作成するようなものだ。社長は、法人の資産については、日頃から貸借対照表を目にしているので、およその資産について頭に入っている。

しかし、これが社長個人の資産になると、怪しくなる。なんとなく役員報酬をもらって終わりというものだ。「今、個人ではどこの口座にどのくらいありますか」と質問されて即答できる人は意外に少ない。個人資産は種類も多いため、整理しにくい。とりあえず、①現預金、②有価証券（自社株含む）、③不動産、④生命保険という枠組みで棚卸しをしてみるといい。およその資産関係がわかるであろう。会社と個人の資産を書き出したら、まずは全体をじっくりと眺めてほしい。

法人と個人の全体の資産を俯瞰したら、「必要な資産」と「不要な資産」に切り分けていくことになる。**人は誰しも、手元の資産について、すべて必要で重要な資産と捉えてしまいがちであるため、不要な資産を抱え込んでしまう傾向がある。**いつまでも売却できない遊休不動産が典型的だ。

こういった不良資産は、キャッシュフロー悪化の要因にもなるだけではなく、「誰も相続したくない」という消極的な意味で相続の争いになる。不良な資産については、処分することからはじめていく。このとき、自分だけで考えても、たいてい決定することができない。第三者の客観的な意見を聞きながら話を進めるほうが、価値を冷静に見定めて対応することができる。

なお、不良資産については、「割り切って処分する」という心構えが必要である。不良資産であるにもかかわらず、欲を出してしまうと、たいてい価格交渉で失敗して、せっかくの処分の機会を失ってしまう。「売れるだけよしとしよう」という気持ちのほうがうまくいきやすい。

不要な資産を取り除いたうえで、法人と個人の資産構成を見直していく。**法人で所有する資産と個人で所有する資産を戦略的に分けていくことになる。**「保有する」という選択ひとつにしても、社長であれば、戦略を持つべきだ。「なんとなく法人で保有している」という発想には戦略がない。やはり、「なぜ法人で」「なぜ個人で」というように、一つひとつの財産の配置にも根拠を聞きたい。こういった法人と個人の資産を組み替えることができることが、オーナー会社の強みである。

基本的には、事業に必要な資産については法人に寄せていくというイメージになる。法人と個人の資産の組み替えのなかで検討することが多いものが生命保険である。**「法人名義の生命保険は充実しているものの、個人名義の生命保険が脆弱《ぜいじゃく》」というケースがオーナー企業で散見される。**

このような場合には、役員を離れたときに十分な保障を受けられず、本人や家族が苦労することがある。おそらく、「会社の事業のための生命保険」という意識が強すぎて、個人が引退した後のことまで意識がまわらないのであろう。これから延長される老後のことを考えれば、個人名義の生命保険についても、どのくらいの保障を用意しておくべきか検討しておかなければならない。

これを「法人と個人の資産の組み替え」という視点から検討すれば、法人で加入していた生命保険を退職金の一部として、社長個人の契約に変更するという方法もある。契約を維持したまま、契約者を変更するということである。これによって引退した後の個人の生活を生命保険でカバーできる。退職金は現金の支給だけではない。「生命保険の名義変更をもって退職金の支給」という扱いにすることもできる。自分として、どのような方法で退職金を取るのかは、事前に税理士と相談しておくべきだ。

ここまでで、不要な資産を除去し、かつ個人で保有する資産が絞られてきたことになる。もっとも、ここから具体的な相続の分け方を検討する前に、もうひとつの段階を踏んでいただきたい。それは「個人資産の内訳を変えていく」ということだ。

相続は、不動産あるいは株式といった物理的に分けにくいもの、あるいは評価が分かれるものがあるがゆえに、トラブルになってしまう。すべての資産が現預金だけであれば、「法定相続に応じて分割して終わり」ということになり、苦労はない。**そこで、今ある資産についても、「できるだけ分割しやすい資産に変えていく」という意識を持っていただきたい。**この点を見落としている方が少なくない。

たとえば、今住んでいる家だ。最近では誰が実家を相続するか、相続人同士がもめることも少なくない。現実的には、夫婦がともに施設に入所した時点で空き家ということになる。亡くなったときに空き家になるのではない。

空き家になると、管理が不十分で劣化も進行しがちだ。しかも、庭木が伸びて近隣に迷惑をかけることにもなる。空き家の管理は、社会問題のひとつとして語られることも増えてきた。自宅については「思い出があるから」ということで、手放すことに消極的になってしまいがちだ。だが、「相続の争いを回避する」という観点からすれば、空き家になった自宅に戻る可能性がないのであれば、売却をして分けやすい財産にしておくこともひとつの手だ。感情と合理性のバランスをいかにとるかが、相続対策の本質なのかもしれない。

相続対策は夫婦で実行する

事業承継は、「先代と後継者」というふたりの関係性で語られることが多い。相続の相談にしても、「自分の資産を後継者にいかにして相続させるべきか」という内容になってくる。根底には、先代の資産さえ上手に対応すれば、親族間の争いが回避できるという思惑がある。だから「これでは相続対策では不十分です。奥様も同時に相続対策をしてください」と伝えると、怪訝《けげん》な顔をされる。横で話を聞かれていた妻は、苦笑いしながら、「私の相続対策ですか。資産なんてないですから、大丈夫ですよ」と話されることが多い。しかし、こういった夫婦は、問題を狭い範囲で捉えているため、トラブルに巻き込まれやすい。

夫婦で比較した場合には、社長である夫に個人資産を集約させているケースが多い。それでも、妻にも個人資産がある。なかには妻に自社の役員や関連会社の社長を担ってもらい、報酬を支払っている場合もある。つまり、妻としても相続するべき個人資産を形成しているということだ。とくに先代が妻の親である場合には、妻自身も相続によって相当の資産を構築していることがある。平均寿命からしても、夫よりも妻が長生きする可能性が高い。**結果として、「社長の相続では大丈夫でも、妻の相続でもめる」というケースが後を絶たない。**

個人的な経験からしても、相続でもめるのは、母が亡くなったときが多い印象である。仮に父が遺言なく亡くなっても、母の鶴の一言で周囲の不満を抑え込むことができる。そのまま不満を抑え込んだ状況で母が亡くなると、蓄積されていた不満が一気に爆発して、収拾がつかない泥沼の相続争いになりがちだ。

あるメーカーのケースだ。二代目にあたる社長は、見事なリーダーシップで事業を展開して、自社の規模を一気に拡大させることに成功した。繊細な経営をなさる方で、事業承継についても、生前からいろいろ検討されていたそうだ。

不幸なことに、具体的な相続対策をとる前に病気で急逝された。あまりにも突然のことであったため、とりあえず妻が社長になった。そのうえで後継者とされていた長男が母親をサポートする形になった。経営自体は、周囲のサポートもあって、問題なくできたものの、相続では少しだけもめた。亡くなった夫の法定相続は、妻、後継者である長男と同じく会社で勤務していた次男の3人であった。次男はおとなしい性格で、ガツガツ営業を展開するような性格でもなかった。裏方として長男をサポートすることが自分の性格にも合っているということを自覚しており、うまく長男と役割分担ができていた。

社長は、遺言を作成していなかった。税理士からのアドバイスもあって、財産を妻に寄せておくことになったそうだ。配偶者に対しては、相続する財産が1億6000万円までは法定相続分の範囲内であれば、相続税はかからない。**相続税の負担を軽減させるために、安易に配偶者に財産を寄せることは珍しくない。**

このような場当たり的な対応が、ときに問題を引き起こす。本件でも突然の不幸ごとであったために、とりあえず税負担を軽減させるために、妻に財産を寄せることにしたのであろう。妻は、子どもらに遺産の分け方を提示した。二つ返事でＯＫがくるものと想定していたら、意外にもおとなしい次男から意見が出てきた。正確には、次男の口を通じて次男の妻から意見が出てきた。

次男の妻としては「自分の夫の裏方の頑張りがあってこその経営だ」という意識が次男以上に強かった。だからこそ、次男の報酬については、いろいろ考えることがあった。そういった日頃の不満から、つい形式的な財産の分け方に意見が出てしまった。おそらく、次男の妻としても「少しでも配慮してもらえればいい」と軽い気持ちだったのであろう。だが、これに対しては、母親としてもカチンとくるものがあった。

さらに頭にきたのが長男の妻だった。長男の妻としては、「自分の夫の努力があってこその経営」という自負があったため、次男の妻の発言に腹を立ててしまった。当事者である長男と次男としても、自身の妻からいろいろ言われて、対応に弱ってしまった。**相続では、こういった"場外乱闘"があるから難しい。**でも、さすがに母親の一言は強い。状況を把握した母親は「こう分けます」と一方的に提示した。いろいろ不満はありつつも、鶴の一声で決まったそうだ。

だが、問題はこれで終わらなかった。不幸なことに、母親も数年後に亡くなった。このときもなんら相続の対策をとっていなかった。結果として、長男と次男は母親の財産についてもめることになってしまった。このときには「父の相続のときに無理矢理に話を進められた」という思いが双方にある。しかし、鶴の一言を出す人はもういない。**「江戸の敵を**

長崎で討つ」ではないが、人間の怒りの感情はなかなか消えるものではない。母親の自社株を誰が相続するかによって、後継者の立場すら決まってしまいかねないため、長男は疲弊していた。やむなく、遺産分割調停を申し立てて、時間と費用をかけて、なんとか話をまとめることができた。

このような事案では「とりあえず税金の負担を軽く」という安易な発想から、妻が亡くなったときの遺産分割の方法でもめることがある。しかも妻が亡くなったときには、結局のところ、相続税がかかってしまう。**夫の相続のときに相続税の負担が軽減されても、妻の相続のときの相続税が高くついてしまえば、いったい何のために妻に財産を寄せたのかわからなくなる。**

先の事案でも、仮に妻が自分で遺言を作成していたら、相続による争いを回避することができたはずだ。だからこそ言いたい。**相続対策は、社長のスタンドプレーではなく、夫婦で描くべきものだ。**まず遺言は、夫婦がともに作成する。このとき「自分と妻のどちらが先に亡くなるかわからない」と言われることがある。そこで、自分が配偶者より先に亡くなった場合の分け方と、自分よりも配偶者が先になった場合の分け方の双方を遺言で記載することもある。このようにしておけば、いずれが先に亡くなった場合でも、遺言で対応することができる。

相続税対策にしても然りだ。夫が亡くなったときの相続税が軽くても、その後に妻が亡くなったときの相続税が重くなれば、家族全体としての最適解とは言えない。**夫婦ともに亡くなった場合の相続税をシミュレートしたうえでの対策であるべきだ。**

個人的には、これからの日本で相続税の負担が重くなることはあっても、軽くなるということは可能性として低いと考えている。家族全体の税負担を考慮すれば、あえて配偶者ではなく、税金を負担しても子に相続させるのもひとつである。人生をともに歩んできた夫婦である。終わり方も夫婦でともに考えるべきだ。

遺留分についての配慮

相続対策は、税理士だけではなく、弁護士もアドバイザーとして入れていただきたい。税理士は、税務のプロであるが、「相続の争い」を本来の対象にした仕事ではない。**相続の争いを防止する観点からすれば、弁護士の視点も考慮した対策を練るべきだ。**

もっとも、散見されるのは、ひとつの事案において、弁護士と税理士の意思疎通がうまくいっていないケースだ。弁護士と税理士の見解に相違があれば、社長としてもどちらの判断に依拠すれば良いかわからず、困惑する。こういった「士業の分断による社長の混乱」の事例は少なくない。社長としては、相談先をひとつに整理したいものの、複数の士業に別々に相談せざるを得ないことになり、負担となる。

私の事務所では、社長の悩みに一括して対応できるように、他士業との連携を強化している。相続対策をするにしても、必ず税理士とチームを組んで取り組んでいる。場合によっては、生命保険の担当者もチームに入ってもらうこともある。関係者が一堂にそろうことで、全体としてバランスのとれた相続対策を検討することができる。弁護士として、全体をコーディネートしながら、ベストな解決策を模索していくイメージだ。

士業がチームとしてのパフォーマンスを上げるためには、各自の役割分担の範囲を明確にすることが求められる。私は、自分が税務に詳しくないことを自覚している。それを自覚しているからこそ、税務の問題は税理士に必ず意見を聞きながら進めていく。ここで中途半端な知識を持って税務について知っているように取り繕えば、かえってクライアントに迷惑をかける。自分のプライドのために仕事をしているわけではない。むしろ大事にしているのは、弁護士だからできる分野を徹底的に深めるということだ。

私は、これからの中小企業の支援には、士業同士の連携が必要不可欠と考えている。士

業の連携を実現させるためには、各自の守備範囲をいたずらに広げるのではなく、「自分にしかできない分野」を徹底的に深める姿勢が必要と考えている。そういったメンバーがそろうからこそ、チームを組んだときに相乗効果が出てくる。自分の報酬を高めるために無理に異分野へ触手を伸ばすことが適切だとは考えていない。少なくとも自分には、そういった能力はない。むしろ社長や会社の性質を見極めて、ベストな人選を提案することが自分の役割と認識している。私の事務所では、こういった方針に共感していただける各地の士業の方とつながりを広げている。

税理士と協議をするなかでよく話題になるのが「遺留分への配慮」だ。遺留分というのは、「配偶者と子どもに認められた最低限の取り分」とイメージしてもらえばいい。具体的な遺留分の範囲は法律で定められている。一度自分の家族の遺留分について専門家に聞いてみるといい。

たとえば、母と長女と次女がいたとしよう。このとき、母が遺言ですべての財産にあたる3000万円を長女に相続させたとする。この場合でも、次女には4分の1の遺留分が認められている。次女は、長女に対して3000万円×4分の1＝750万円の支払いを請求することができる。**つまり、遺留分は強い権利であって、遺言の内容であっても覆《くつがえ》**

すことができるものだ。そのため、相続対策をとったとしても、遺留分を侵害するような内容であったために、かえって混乱するということもある。

遺留分は、もちろん離婚した前の妻との間の子や婚姻関係にない女性との間に生まれ認知した子にも認められている。こういった子らへの配慮のない相続対策をしてしまうと、かえって感情的な軋轢を生みだして、相続トラブルになることが少なくない。なかには遺留分に関する請求を回避するために、亡くなった事実を知られないように画策する人もいる。だが、たいていは相続手続のなかで死亡した事実が知られてしまう。そうなると「父が死んだことすら教えてもらえなかった」という印象を与えてしまいかねない。

ある女性が「夫が亡くなった」として、相談にこられたことがあった。遺言では「すべての財産を妻と同人の子に相続させる」という内容であった。だが、女性は「夫に別の女性との間にお子さんがいることは知っています。その事実を夫が亡くなったからといって許す気にはなりません。ですが、同時に子どもになんら責任があるわけではありません。自分としてどうすればいいのか混乱しているのですが、何もしないというのは自分で許せないのです。彼を探して、財産の一部を渡してください」と訥々《とつとつ》と話されていた。妻であり母である者の辛さと優しさを感じた。その子どもを捜しあてて、何も隠さずに説明をした。

「御家族から配慮していただき、ありがたいです。ですが、これを受け取ると育ててくれた母に申し訳ない気がします。気持ちだけでいいです。それに、今さら父とか言われても困りますし、実感もないです」と言われてしまった。「きっと喜んでくれるはず」と思っていた自分の浅はかさが心底嫌になってしまった。それでも、なんとか家族の思いを伝えて、受け取ってもらえたのが幸いだった。人の心は難しい。**相手のことがわかったと思うときほど、実は相手のことをわかっていないかもしれない。**

　相続対策を考えるうえでは、こういった遺留分にも配慮をしなければならない。そうしなければ、せっかく後継者に事業用の資産を集めても、他の兄弟から遺留分の請求をなされてしまう可能性がある。多くの本でも、「遺言を作成するときに遺留分を侵害しないように」と指摘がなされている。**ただ、「遺留分を意識し過ぎて、遺言が書けない」ということになれば、本末転倒だ。**実際にそういう人も散見される。

　相続は「自分の死」という将来の事情を前提に考えるものだ。将来において確実なことは「いつか自分が死ぬ」という事実だけである。だからこそ、将来のことを予測して、完璧な対策をとろうとしてもうまくいかない。そもそも亡くなるときの財産についてすら、具体的にいくらになるか、誰にも正確には予想できない。遺留分対策にしても、「およそこのくらい」というざっくりした計算で出した数字をベースに、「とりあえず検討すればいい」と個人的には考えている。

遺留分を請求された場合には、請求を受けた者で対応してもらうしかないと腹を決めるのも大事だ。そもそも余命宣告されたような状況では、遺言を作成することが重要であって、悠長に遺留分の試算などしている余裕はない。完璧なものを求めるばかりに身動きがとれなくなることだけは避けていただきたい。

ポイント！

- **家や土地などの不動産は、分割しやすい資産に変えておくべきである。**
- **相続対策は、先代の妻が亡くなった後の二次相続まで見据えて考える。**
- **相続対策時には、「遺留分」への配慮を忘れてはならない。**

3 遺言を作成していない社長は、相続対策をしていないに等しい

～事業と家族の繁栄を願うのなら、遺言を作成すべきである～

遺言が怖くて仕方ない

社長であれば、「相続対策で遺言を作成するべき」ということは何度も耳にしてきたであろう。セミナーを聞いたときには「自分もつくる必要がある」とは感じるものの、実際に作成している人がいったいどのくらいいらっしゃるだろう。

厳しいことを言うかもしれないが、いかにセミナーを熱心に聞いても、遺言ひとつ作成していなければ、事業承継を何も考えていないことと同じだ。社長としてあまりにも無責任すぎる。冷静に事業の行く末を見定める社長は、やはり遺言を書いている。

ある女性の社長は、40代にしてすでに遺言を書いている。さすがに早すぎるのではない

かと感じたが、「いつ自分が死ぬかなんて誰もわからないです。私は中途半端な気持ちで経営をしていませんから」と言われてしまった。見事な経営の采配を振られている方であるが、本質的な器量の大きさを見せつけられてしまった。

その一方で、かなりの年齢を重ねながら「生涯現役こそ我が人生。遺言なんて、まだまだ不要だ」と豪語する社長を目にすると、頭を抱えることになる。正直なところ、「いったいどこから話を向けていけばいいのか」と、途方に暮れてしまう。

本人以外は、誰しも遺言を作成してほしいと願っている。配偶者にしても、子にしても。さりとて、周囲の人から「遺言を作成してください」と言えるものではない。むしろ、家族として近すぎるからこそ、言いにくいところもある。時機を見て、「父さん、遺言を書いておいてよ」と軽く触れるのが精一杯のところだろう。

「先生、どうしたら遺言を書いてもらえますかね」という後継者の相談は後を絶たない。

「この家族は相続でもめる」というのは、本人よりも子どものほうが繊細に感じとるものだ。だからこそ、悠長に構えている両親に対して、歯がゆさを感じてしまう。思い切って言えば、感情を逆撫でして「思い上がるな。会社から出て行け」とも言われかねない。なんとも難しい立場だ。

仕方なく、弁護士として先代のところに会いに行って、遺言の作成をアドバイスすることがある。**言いにくいときこそ、はっきり言うのが肝要だ。**「遺言を作成するべきです。いつ死ぬかなどわかりません」とクリアに言うと、渋い顔をしつつも、なんとなく話を聞いてもらえるものだ。「相変わらず、はっきり言うな」と嫌みのひとつも言われるが。腫れ物に触るような対応をしていると、かえって反発を受けてしまう。

そもそも、なぜ、社長をはじめ、人は遺言を作成することを躊躇《ちゅうちょ》するのだろうか。個人的には、個人の死生観が強く影響しているものと考えている。遺言というのは、あたりまえだが、いつか自分が亡くなる日を想定したものだ。行間にはいつも「消えゆく自分」というものが浮かんでいる。医療は、死を敵とみなし、克服しようとして発達してきた。私たちは死を忌み嫌い、できるだけ遠くに配置しようとして努力している。**だからこそ人は、自分の死を直視することになる遺言に対して、どこか恐怖心を抱いてしまう。**

ある戦争を経験された社長に、遺言のアドバイスをさせていただいたことがある。このとき二つ返事で「わかりました。すぐに用意してください」と言われたことがあって、驚いた。たいていは「夫婦で考えてから」ということになりやすいからだ。

思わず「本当にいいのでしょうか。弁護士費用もかかりますし」と自分でアドバイスしておきながら、困惑してしまった。「自分は戦争のなかで、多くの戦友の死を目にしてきました。たまたま生きて日本に帰ってくることができて、事業をすることができました。でも、あの時代を忘れることはない。どこかで誰かに対して申し訳ないという気持ちがあります。あの混乱のなかでわかったことは、人はいつ死ぬかわからないということです」とコーヒーを飲みながら答えられた。中小企業向けの仕事を始めて間もない頃の一言だったが、鮮明に記憶している。

誰にとっても、死は怖い。「恐怖心をなくす」のは容易なことではない。遺言を作成された方にしても、「恐怖心を克服した」という人にお目にかかったことはない。それでも遺言を作成するのは、やはり「家族と会社を守らなければならない」という、社長としての矜《きよう》持《じ》であろう。

「死を考える」とは、同時に、この瞬間の生き方を考えることになる。自分の死に目をつぶれば、この今の生き方にすら目をつぶってしまうことになる。自分の死に刮目すれば、目の前の世界の見え方も違ってくる。たった一通の遺言が、家族と会社を守ることになる。ぜひ社長の名に恥じぬよう、遺言を書いていただきたい。

遺言を作成する場合には、公証役場で公正証書遺言の形式で作成するべきだ。自分で遺言を作成することもできるが、厳格なルールが定められている。せっかく遺言を作成したものの、ルールに反しているので無効となれば、遺言を作成した意味がない。

たとえば、自社株を後継者に遺すにしても、自分で遺言を作成すると「相続させる」「譲渡する」「遺す」といったバラバラな表現を利用されることがある。いかなる言葉で表現するかによって、意味も異なってくる。こういうことで悩まないためにも、きちんと公正証書遺言で作成するべきだ。なかには「体調不良で公証役場まで行くのが難しい」という状態の人もいるかもしれない。そういう場合には、公証人が自宅や施設に出張してくれるので、事前に確認しておくといい。

遺言を作成した場合には、内容を子どもらに知らせる必要はない。ただ「遺言を作成している」ということは伝えておいたほうがいい。そうしなければ、亡くなった後に「遺言の存在を誰も知らない」ということになりかねない。公正証書遺言の有無は、本人が亡くなった後であれば、法定相続人らが公証役場に照会することで教えてくれる。

遺言は悩むより作成すべきもの

実際に公正証書遺言を作成する際に気をつけるべきことを確認しておこう。

まず、事業に必要な資産は、すべて後継者に相続させる。典型的なものとしては、自社株、事業に関する不動産、会社への貸付金といったものだ。取引先の株式を保有している場合には、それも後継者に相続させる。ときに「家族みんなで仲良くやってほしい」という思いから、自社株を家族で分散させることがあるが、絶対に避けるべきだ。分散させたゆえに家族がバラバラになることがある。しかも、いったん分散した株式を、後継者が事後的に回収していくことは相当に困難である。

後継者が未確定の場合など、一時的に事業に必要な資産も含めて配偶者に相続させることもあるが、お勧めしない。「問題の先送り」という印象がどうしても残ってしまう。しかも、妻が亡くなったときに多額の相続税の負担が発生するリスクもある。**事業承継は「次の世代」を見据えた積極的なものだ。後継者に確実かつ迅速に渡すべきだ。その後に他の相続人へ遺すべきものを検討していくことになる。**

このとき、バランスを完璧にとることは、現実的には不可能に近い。「およそのバランスがとれたらいい」というくらいの気持ちで、分け方を考えるのが適切だ。とくに頭を悩ますのが、不動産の相続である。分け方が決まらないからといって、安易に共有にするようなことをしてはならない。実際には共有にしても、問題は複雑になるだけだ。いざ売ろうにも、ひとりが反対して売れないということになる。

大事なことは、価値の有無にかかわりなく、「この不動産は誰のもの」とはっきり記載することだ。そうしないと、相続人間で不動産の処分で対立が生まれてしまう。こういった不動産は、価値の低い不動産については、誰しもが不要となってしまって、いつまでも話が進展しないことが珍しくない。山林や田については、それだけではなく、実家すらも「管理費用ばかりかかるからいらない。現金が欲しい」という言い合いになる。**だからこそ、資産価値の低い不動産についても、誰に相続させるのかをはっきりさせて議論にならないようにする。**

このときには、負の資産を引き取らせるのであるから、金融資産を多めに相続させるといった配慮をするべきだ。はっきり言って、地方都市で売れない不動産を引き取るのは地獄だ。固定資産税のみならず、管理費用まで発生し続ける。

こういった遺言を作成する場合には、必ず遺言執行者を定めておく。遺言執行者とは、「遺言の内容を実現する者」とイメージしてもらえればいい。

たとえば、誰かが亡くなって銀行口座を解約するとしよう。たいていの場合には、亡くなった人の出生から死亡までの戸籍、法定相続人全員の実印といった、かなり煩雑な手続を求められる。遠方にいる人や日頃交流がない他の相続人から印鑑などをもらってくるのはストレスのかかる作業だ。こういった負担は、遺言を作成している場合でも、直面するときがある。

公正証書遺言で「すべて長男に相続させる」と記載があっても、「他の相続人である長女の署名・押印が必要です」と銀行から指示されることもある。銀行としては、事後的に他に相続人から「なぜ勝手に解約したのか」と指摘されるのを避けるための対応と言える。こういった煩瑣《はんさ》な手続を軽減してくれるのが、遺言執行者だ。遺言執行者が選任されていれば、同人の単独の手続で金融機関へ解約を求めていくことができる。

相続においては、「相続人間でまったく面識がない」という場合もある。たとえば、日頃つきあいのない遠縁、前妻の子、婚姻関係にない女性との間に生まれた認知した子などである。本人としては、「相続人同士が直接会うことを避けたい」というニーズもある。

こういうときには、弁護士をあらかじめ遺言執行者として選任しておくのも、ひとつの手である。これであれば、相続人同士の直接のやりとりを回避することができる。遺言執行者に親族を指定することもできるが、争いを防止する観点からは弁護士を選任しておくことも検討するべきだ。

もっとも、遺言執行者は、遺言の内容を実行するためにすべての相続人のために機能する者である。つまり、特定の相続人のために動くものではない。遺言執行者である者が特定の相続人の代理人になるのは、利益相反行為として禁止されるときがある。自分が信頼していた弁護士を遺言執行者にしたら、後継者の代理人になることができなかったということもあり得る。そのため、いずれの弁護士を遺言執行者にするかは、慎重に判断しておかなければならない。

遺言を作成するうえで争いになりがちなのが、作成当時における判断能力である。親族の一部からは「あのころ、すでに父の判断能力は低下していた。同居していた家族が無理に記載させたのだ」と指摘され、遺言の効力を法廷で争うことがある。このような争いにならないために、公正証書遺言を作成する場合には、本人の判断能力の確認がなされる。いざ遺言を書くときに、本人の回答が曖昧であったりすれば、公正証書遺言を作成してくれない。**だからこそ、公正証書遺言では、遺言をする者の判断能力がある程度担保されていると言える。**

遺言を作成するのに早すぎるということはない。遺言は「作成しよう」と決意したら、一気呵成《かせい》に完成させることが重要だ。「これでいいのか」と悩み始めたら、いつまでもできあがらない。実際の弁護士として、文案を提示しても「もう少し考える」と言われるばかりで話が前に進まないケースもある。遺言は何度でもつくり直すことができる。**最初から完璧なものを目指す必要はない。作成して、自分の人生に変化があれば、適宜修正していけばいい。**まずはいったん作成することだ。それだけで救われる家族がいる。

遺言に関する誤解

「遺言を作成したい。だが、不安になるところもある」という声を、セミナー後に聞くことがある。遺言は人生で何度も目に触れるものではないため、わからないことも多いだろう。中途半端に知識があるがゆえに、かえって疑問点が増えてくるということもある。ここでは、当事務所において、公正証書遺言を作成する一般的なプロセスを確認していこう。

まずは作成までに用意できる時間の推測からはじめる。すでに病床にあり、時間をかける余裕がないとなれば、とりあえずシンプルな遺言を作成する。極端に言えば、「すべての財産を後継者に相続させる」という内容のときもある。遺留分を他の相続人から請求されたら受けて立つことが前提だ。こういうことにならないために、ある程度余裕を持って遺言の作成に取り組んでいただきたい。

通常は、まず法人と夫婦の資産を開示していただき、遺産として相続させる財産を確認していく。実際に個人の資産を整理してもらうと、見落としているものもあるので、通帳などを持参していただきながら、確認していくことになる。

遺言というと、「すべての財産を記載しないといけない」と誤解されている方がいらっしゃる。**遺言では、自社株だけあるいは不動産だけというように、財産の一部だけ記載することも可能である。**記載されていない財産については、法定相続人同士で協議してもらうことになる。社長のなかには、すべての財産について遺言を書くことに「自分の財産をすべて失うような印象だ」ということで、消極的な人もいる。そういうときには「自社株をはじめ、事業に必要なものだけでもいいです。会社を守りたいでしょ」と説得することもある。

次に、「誰に、何を、遺すか」を決めていくことになる。**このときには、①後継者であるか非後継者であるか、②不動産を誰に引き取らせるか、③介護してくれた者への配慮はどうするか、④各自の遺留分へどのように対応するか、などを検討して、バランスのとれたものを考えていく。**ただし、各自によって置かれた状況は異なるので、完璧にバランスのとれた分け方というものは現実的には難しい。むしろ、歪な分け方になることが一般的だ。

歪な分け方にすれば、相続人同士で争いになる可能性もある。

そこで、そういった将来のリスクを回避するために、遺言のなかで「相続する側の思い」といったものを記載することがある。遺言には、本文の他に「付記」という部分がある。法的な効果を生むようなものではないが、家族への思いなどを記載することができる。そこにこのような遺言を作成するに至った経緯や歪な分け方になった経緯などを書いておくと、相続人同士の争いを回避しやすい。

ある人は「次女は長年にわたって、私生活を犠牲にして介護をしてくれた。そのために遺産を多めに渡すことにした」という趣旨の記載をされていた。こういった親の言葉というものは、法的主張より効果的な場合がある。反論するべき親はすでに亡くなっている。子どもからしても、本音はどうであれ、親の言葉として受け入れざるを得ないのかもしれない。最近では、こういった親の気持ちを動画で撮影しておくこともある。

遺言を作成する場合には「この財産は○○へ」と個別の財産ごとに記載することも「預金の3分の1は○○へ」というような割合で記載することもできる。いかなる表現を利用するかはケースによって異なる。**不動産については、個別に誰に相続させるのかをはっきり書いておくべきだ。逆に預貯金については、具体的な数字を記載せず割合で表示するこ**

とが個人的には多い。というのも、実際に亡くなったときに、いったいいくらの預貯金があるかはわからないからだ。そうであれば、亡くなったときに残存する預貯金を割合に応じて相続させるというのがわかりやすいであろう。

ときどき誤解されている人がいるが、遺言に書いたからといって、自分の財産を自由に処分できなくなるわけではない。仮に「長男に預貯金3000万円を相続させる」と遺言に書いても、生活費のために利用して実際に亡くなったときには1000万円しかないということもあるだろう。それはまったく問題はない。残った範囲で相続させるだけである。不動産についても同じだ。不動産を次男に相続させるとしても、生前に売却して金銭にしておいてもいい。

社長の遺言の作成のなかで、ときに悩むのが「死亡退職金の扱い」である。在職中に亡くなれば、死亡退職金が会社から支払われる場合がある。この死亡退職金が遺産になるかは議論があるところだ。会社の内規で死亡退職金の受給者が明確にされている場合には、遺産にならず、「受け取る側の固有の資産」ということになる場合もある。遺産にならないというのであれば、遺言に記載しても意味がない。**これを機会に死亡退職金が誰に支給されるのかについては、自社の規程を確認していただきたい。**当然に後継者に支払いがなされるとは限らない。

このように、弁護士との協議のうえで、遺言のアウトラインが決まれば、弁護士にて下書きを作成して、公証人と作成の準備を進めていく。公証人からは、戸籍、印鑑証明など、必要な書類の提出を求められる。このとき、遺産に記載する財産の評価額についても、説明を求められることがある。これは財産の総額をベースにして作成費用が算定されるからである。

公正証書遺言を作成する場合には、2名の証人が必要とされている。しかも証人になるのは、基本的に親族外の者である。「証人になってくれるような人がいない」「自分の財産を他人に知られるのは怖い」と言われることがある。だが、公証役場に事前に相談をすれば、費用はかかるが、証人になってくれる人を用意してくれる。だから、自分で証人を用意する必要はない。仮に本人の移動が難しく、自宅や施設にて公正証書遺言を作成したい場合には、出張による作成にも協力してくれる。

相続人間の争いを避けるために、遺言執行者を弁護士に任せる場合には、その旨と報酬を記載しておくことになる。報酬について明示しておかなければ、事後的に家庭裁判所が決定することになる。私としては、事前に報酬を確定して遺言に明示してもらうようにしている。ここまでやってひとつの公正証書遺言ができあがることになる。

公正証書遺言であっても、いつでも新たにつくり直すことができる。ときには、「一部の親族に言いくるめられて、書き直させられたのではないか」と周囲が危惧するときもある。**公正証書遺言をつくり直す場合には、前に作成した遺言との矛盾がないようにしなければならない。**私の事務所で遺言の変更の依頼を受ける場合には、新たに作成する遺言において過去に作成したすべての遺言を無効にすることを明確に記載したうえで、新規に作成し直すようにしている。「遺言はただひとつ」という状況こそ正しい。

遺言は重要性がありつつも、緊急性がないため、とかく後回しになりがちだ。**気がつけば「もはや作成できない」ということで、本人ではなく周囲が悲しむことになる。**「自分の家族は大丈夫」というのは希望でしかない。希望を実現させるのは行動のみ。これを機会にぜひ遺言を作成していただきたい。

ポイント！

・遺言を残すことは、自身の死と向き合い、会社と家族を守ることである。
・遺言を書く際は「何を、誰に相続させるか」を明確にする。
・遺言は何度でもつくり直せる。まずは作成することが大切である。

第6章

事業承継の選択肢としてのM&Aに見る、経営者の思い

事業承継の選択肢のひとつとして、M&Aが語られることが多くなった。私の事務所でも、M&Aに関わることは少なくない。

事業承継におけるM&Aは、敵対的なものではなく、売主と買主が協働して事業の将来を描いていくイメージだ。売主の顔を立てずに、力業で物事を進めるようなことはない。**むしろ、後継者に恵まれなかった売主のために、買主をはじめ関係者が寄り添いながら問題を解決していくことになる。**本章では、事業承継において用いられるM&Aの概要について、現場レベルの感覚をベースに説明をしていきたい。

本章ではまず、当事者の心境から整理していく。M&Aの話を心境から語りはじめることには違和感があるかもしれない。だが、当事者の心情に配慮せずに、技術論だけで交渉を展開していくと、思わぬところで話がつぶれてしまう。買主の他愛《たわい》ない一言で交渉が破綻したこともある。売主としては、そもそも「自分の一部である会社を売却する」という話を誰かに相談することすら、抵抗がある。そういった売主への配慮の程度が、M&Aの精度を高めていく。

そのうえで、次にM&Aに挑戦するための布石について、売主の目線で整理していく。いざ自社を売却しようとしても、すぐに買主がつくとは限らない。まして自分の希望する条件をすべて満たすような買主を見つけるのは、いくら仲介業者を利用したとしても、至難の業だ。**会社を売却するためには、売りやすくするための布石を打っておかなければならない。**何もしないまま、「はい、買ってください」では、買主もなかなかつかない。あるいは、無理に売却を実行してしまい、後戻りできない状況に陥ってしまうこともある。それでは後悔しかない。

最後に、M＆A成立に至るまでのポイントについて、時系列をベースに概要を解説していく。「売買価格だけが交渉の対象になる」というのは、大きな間違いである。**事業承継を前提にしたM＆Aでは、売買価格ではないところで成否が決まることが少なくない。**もっとも、諸条件が決まって契約書が作成されれば、M＆Aが完了というものでもない。M＆Aの成否は、契約の締結まででではなく、締結後のフォローによって全体のパフォーマンスに違いが出てくる。具体的には、先代からの引き継ぎ行程、あるいは新たなオーナーと社員の信頼関係の構築といったものが必要になってくる。

M＆Aといっても、その意味するところは広い。合併、事業譲渡あるいは株式譲渡まで様々な方法がある。本書においては、中小企業のM＆Aで利用されることの多い株式譲渡を前提にして説明をしていく。

1 事業承継M&Aの成功は、売主の心情を理解することから始める

～買主の他愛ない一言で交渉が破綻することも～

売主は何を遺したいのか

日本では「後継者不在」が社会問題のひとつになっている。後継者不在の理由には様々なものがあるが、親としての葛藤の果ての判断というときもある。社長からは「子どもには家業にこだわらず、好きなことをしてほしい」という話を聞くことがある。その根底には、子どもには自分のような苦労をさせずに、「自由に生きてほしい」という親の願いがある。結果として、子どもは自分の道を選ぶことがある。

もっとも社長には「この会社」が目の前にある。いくら自分に後継者がいないからといって、「では、本日をもちまして終了」と簡単に言えるものではない。それでは「社員の暮

らしを背負う者として無責任」という批判を受けることになる。だからこそ、社長は、事業をなんとか第三者に引き継いでもらいたいと模索する。できれば、事業の内容を理解している社員の誰かに引き継いでもらうのがベストであろう。だが、社員ではオーナーの保有する自社株式を購入するだけの資金を用意することが困難だ。また、特定の社員がオーナーになることへの反発もある。**社員への事業承継はなかなかうまくいかない。**そのため、やむを得ず、社外への売却を検討していくことになる。

読者の周りにも、M&Aを実行した社長がいるかもしれない。しかし、その社長から事前にM&Aの相談を受けたことはおそらくないだろう。M&A終了後に「実は会社を売った」という話を聞いて、驚いた人も少なくないはずだ。基本的に売主は、自分がM&Aに取り組んでいることを他人に知られたくない。

ある社長は、わざわざ遠方のM&Aのセミナーに参加していた。「もっと近くでもやっているでしょう」とアドバイスしたら、「そんなことしたら、知り合いに会うかもしれないだろ。変に噂になったらどうする」と話されていたのが印象的だった。

社長が恐れるのは、自分が会社の売却を検討していることが、社員、銀行あるいは取引先に思わぬカタチで知られてしまうことだ。そのため、社長は、誰にも相談することができず、ひとり会社の行く末について悩むことになる。**社長が胸襟を開いてM&Aの相談をできる人が圧倒的に不足している。**だから、遠方からでも、人づてに私の事務所に来所されるのであろう。

ここで、私が自分なりの経験から学んだ売主の心情について整理してみたい。M&Aというと、とかく「いかにして売却をするか」という手法について解説されることが多い。だが、実際の手法は専門家のアドバイスを聞きながら進めていくものだから、社長が思い悩むことはあまりない。**むしろ最大の壁は「この人に売却する」と社長が決断するところである。**決断がなければ、いくら手法を学んでも意味がない。決意は、心情へいかに寄り添うことができるかによって生まれてくる。売主の感情への配慮がなかったために、交渉が頓挫したことは少なくない。

M&Aは極めて繊細なものだ。単に「資金を提示すればいい」というものではない。社長にとって、会社は自分の人生そのものである。それを誰かに譲渡するということは、痛みを伴い、自分の一部を失うことに等しい。

売主からの要望で圧倒的に多いのが、「社員の処遇」についてである。株式の売却価格よりも、まず社員のことについて条件を提示されることもある。「社員の生活は自分が守ってきた」という社長の自負を感じさせる瞬間である。実際に契約書のなかで「可能な限り、現状の労働条件を維持していく」ということを明示することも少なくない。

売主は、M＆Aをすることについて、どこかで社員に負い目を感じているところがある。ある社長は「これまで社員と汗水を流してきた。決して豊かな暮らしをさせてあげることができなかったかもしれないが、楽しかった。それが最後になって、裏切ることにならないだろうか」とひとり悩まれていた。「そんなことはないです」と口に出すのは簡単だったが、自分が口にするのはあまりにも軽薄に感じて、何も話すことができなかった。

社長にとって、会社とは、自分の人生の集大成のようなものだ。後世に遺していきたいのは、カタチある資産ではなく、自分の生き方である。「自分はこうやって駆け抜けて会社を存続させてきた。次の走者、頼むよ」というのが、素朴な売主の感情だ。だからこそ、周囲の者が単に数字だけで語っても、なかなか伝わらないのかもしれない。

M＆Aを経験したことがない人からすれば、売買価格がすべてを決するように誤解されるかもしれない。売買価格は大事な要素であるが、唯一の条件ではない。売主としては、価格よりも「買主の人柄」といったもので判断することが多い。「なんだか自分の性格に合わない」と感じれば、交渉締結に至らない。しかも、いったん抱いたイメージは、なかなか事後的に払拭もできないため、交渉決裂ということになることも珍しくない。逆に言えば、売主から「この人であれば」と信用してもらえば、交渉もスムーズにいきやすい。

当事者同士の交渉のなかで、もうひとつ配慮しなければならないのが、契約締結後の売主の処遇である。**契約のなかでは、M&Aの完了後においても、売主が「会長」あるいは「相談役」といった立場で、一定の期間にわたり間接的に事業に関わることを取り決めておくことが多い。**「売却したから、一切関与しない」というケースのほうがむしろ少ない印象だ。買主としても、売主にしばらく経営に関わってもらうことで、事業の引き継ぎをサポートしてもらえる。社員や取引先としても、いきなり旧知のオーナーがいなくなると、不安になる。買主が「自分が買った会社だ。売主は過去の人」というスタンスだと、事後的にトラブルになってしまう。

法的に見れば、会社はすでに買主の所有するものだが、やはり売主と買主では、会社に抱く思いに圧倒的な相違がある。人生の花道を飾ってあげるためにも、気持ちよく引退までのプロセスを引いてあげるべきだ。

事業承継におけるM&Aとは何か。それは売主の人生に寄り添うことだ。

買主は時間を求める

事業承継についてのM＆Aを、買主から眺めてみよう。買主が求めるものは、なにより時間だ。事業を立案し、かつ軌道に乗せるまでには、相当の時間を要する。しかも行政の許認可を要するような場合には、取得までに相当の手間を要してしまう。この時代には、スピードこそ価値である。**事業を軌道に乗せるまでの時間をいかに短縮させることができるかが、勝負になってくる。**既存の会社を購入すれば、軌道に乗せるまでの時間を一気に短縮させられる可能性がある。時間は金で買えない、もっとも貴重な資源だからこそ、M＆Aを活用した事業の拡大を目論むことになる。

事業の拡大には、ふたつの方向性がある。「既存事業を拡張する」方向と「新規事業を開拓する」方向である（図表9）。

①既存事業を拡張する

既存のビジネスを拡張する場合としては、競合する他のエリアの会社を買収することが典型的である。新規に営業を仕掛けるよりも、同業会社を穏当に手に入れることができれば、取引先もコストをかけずに確保することができる。いわば「商圏の確保」である。これによって事業規模を拡大させれば、売上を増加させるだけではなく、一括仕入による経費の削減といった利益率の向上にも取り組むことができる。最近では、人手不足を回収するために同業他社を買収することも増えてきている。

あるいはEC（電子商取引）といったこれまで自社で取り組んだことがない売り方に挑戦するために買収をするということもある。実際、「ECを強化したい」という相談が増えてきた。様々な企業を目にして感じるのは、ECは戦略の有無が圧倒的な差異を生みだしているということだ。漫然とホームページを作成し広告を出すだけでは、たいていうまくいかない。**その意味では、「売り方を変えるための買収というのが、これからの時代に増えていくのではないか」と個人的には考えている。**

②新規事業を開拓する

新規ビジネスを目指す方向性は、さらにふたつのケースに分かれてくる。

まずは、「商流の上下を押さえる」ケースだ。一般的に日本の物流は「製造↓問屋↓小売」という流れを基礎にしてきた。だが、近年、製造の会社が小売に挑戦したり、逆に小

図表9　事業拡大の2つの方向性

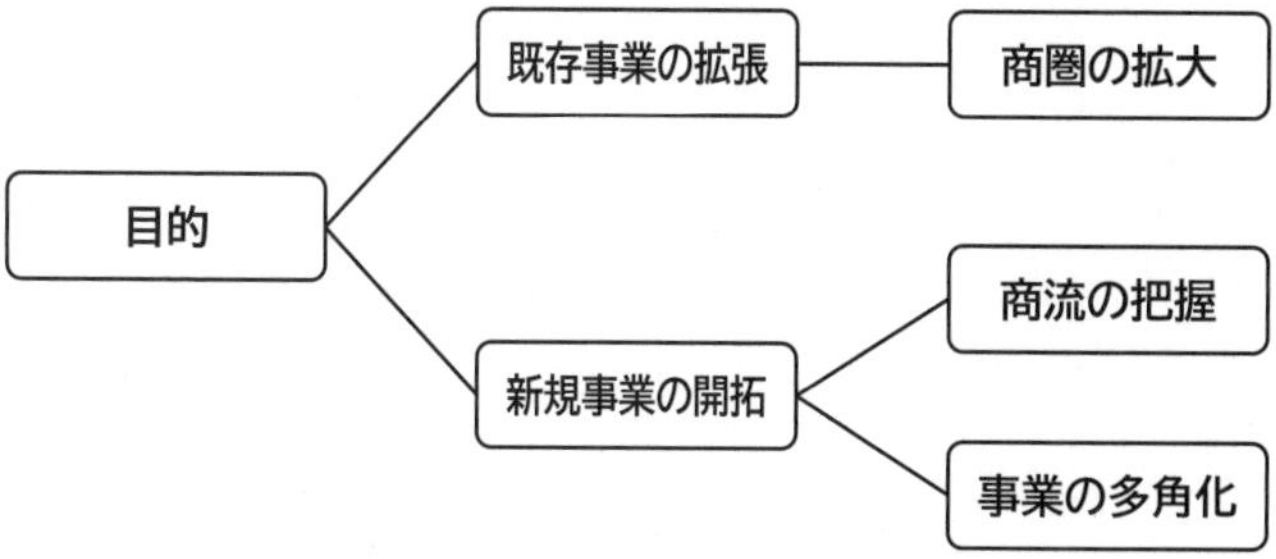

売の会社が製造に挑戦するといった、構造変化が急速に進展している。

構造変化のなかで「製造から販売までを一気通貫に押さえておきたい」という社長のニーズは一定数ある。そのため、自社のビジネスを中心に据えたうえで、前後の企業を買収して相乗効果を目指していく。新規分野といっても、自社のビジネスに関連するものなので、社長としてもイメージがしやすい。

もうひとつは「自社のビジネスとはまったく違う分野に挑戦する」ケースである。建築会社が介護事業に挑戦するような場合をイメージしてもらえばいい。

会社は、中核となる事業が3つあると落ち着きがいい。特定の分野に依存すると、破壊的なイノベーションによって、市場がなくなってしまうことがある。たとえば、現在「写真を撮影する」ときに、フィルムカメラを取り出す人は滅多にいないだろう。大半の人は、スマートフォンを手にするはずだ。今そこにあるマーケットがいつまでも存在するとは限らない。**マーケットは、創造と破壊を繰り返していくものだ。だからこそ、複数の事業を持つことで、リスクヘッジをしていくことになる。**

まったく新規の事業に挑戦するのは、相当の覚悟と努力を要する。すべてゼロベースからはじめるので、自己の判断が失敗していることすらわからず、赤字の垂れ流しになってしまう可能性もあるからだ。**その分野に精通した人材を確保できるかが、成否に影響してくる。**ただ、精通する人に依存しすぎると、あまりにも発言力が強くなりすぎて、オーナーと軋轢が生まれてしまう場合があるので注意を要する。

何事も最初が難しい。はじめてのM&Aでは、あらゆることに右往左往する。だが、いったん成功すると、イメージができあがるので、2回目以降の心理的ハードルが一気に低くなる。むしろ、M&Aのメリットを数字で感じるようになると、より企業の買収を繰り返すようになる。

みなさんも企業買収を繰り返す社長を目にしたことがあるだろう。**危険なのは、M&A**

の意味を忘れて、企業買収が目的化することだ。Ｍ＆Ａは、事業承継を実現するための手段であって、目的ではない。だが、企業を買収して目に映る数字が多くなると、より大きな数字を求めて、採算性を吟味することなく、Ｍ＆Ａに注力するようになってしまう。数字の魔力に魅了されたようなものだ。社長には冷静さこそ求められる。

「どういうタイプの社長が企業買収に適しているか」と質問を受けたことがある。あまり考えたことはなかったが、とっさに「人を動かすことが上手な人」と回答した。「Ｍ＆Ａ」というと、とかく「企業価値の算定」といった数字によるやりとりをイメージされるかもしれない。もちろん、売買価格などは数字が基本になるものの、数字だけで成り立つものではない。いくら当事者双方にとって納得したうえでのＭ＆Ａであっても、売却された会社の社員として、いい気持ちのするものではない。「売った社長はいいよ。カネが入って。新しいオーナーの下での生活はどうなる」というのが、社員の率直な気持ちだろう。

買主は、そういった社員への労《いた》わりが求められる。「会社を買ったのだから、つべこべ言わずについてこい」では誰もついてこない。むしろ、優秀な社員から新しいオーナーを見限って退職していくものだ。その他にも、Ｍ＆Ａの対象会社と買主である会社の社員の処遇が明らかに違っていても、また険悪な雰囲気になりやすい。

会社を買収した場合には、「誰に経営を任せるか」も重要な検討事項になる。あらゆる企業について、ひとりの社長が采配を振るのは現実的ではない。社長はあくまで全体を俯瞰したうえでの戦略を練ることになる。**現場のことは、可能な限り、信頼できる腹心に任せるようにしなければならない。**器用な社長ほど、あらゆることを自分で実行しようとするがゆえに、自ずと経営の限界にぶつかる。

M&Aに慣れている人は、スタートの時点から、買収した会社の社長を誰に任せるかを決めていることが多い。「この人物なら、この会社の経営を回すことができる」と確信できたときに買収を決断することになる。カネより人を先行して決める。

売れる会社と売れない会社

逆説的ではあるが、売主が「売りたい」という会社ほど売れず、「売りたくない」という会社ほど売れるものだ。人は誰しも、自分の持っているものの価値を実際より高く評価する傾向がある。それが手塩にかけた愛着がある会社であれば、なおさらだ。自分の会社の価値について、客観的に認識することは難しい。

社長のなかには、「自分の会社を売りに出せば、すぐに買主がつく」と誤解している人もいる。しかし、話はそれほど簡単なものではない。**すぐに買主がつく会社には、「買主がつく」だけの理由がしっかりとある。**漫然と会社を売りに出して、自分の希望する条件で成立させることなど、できるはずがない。ここでは、「売れる会社」と「売れない会社」の分岐点がどこにあるかを、いくつか紹介していこう。

あたりまえであるが、なにより事業の収益性の有無だ。もちろん、許認可を持っているなどの特殊事情があれば、赤字でも売買が成立するときもあるかもしれないが、あまり事業承継としてのM＆Aのなかで、事例として目にしたことはない。毎年の営業利益が確保できているか、適切な借入の範囲内にあるのか、市場の将来性はどうであるか、といったことが、検討対象になってくる。

オーナー企業は、設備投資の失敗から多額の長期借入金を計上しているケースが散見される。こういうケースだと、実質的には自転車操業になっていて、「会社を清算したくてもできない」という状況になっている。これでは、買主を見つけることが容易ではない。

あと、遊休資産が多いところも注意を要する。とくに社歴のある会社の貸借対照表を眺めていると、「これは何ですか」と思わず言いたくなるようなものが資産として計上されているときがある。そういうものはキャッシュが寝ている状況であるから、売買価格の算定において、マイナス要因になってしまうことがある。事業に利用していない資産は、キャッシュフローを改善するためにも、処分しておくほうがいい。

関連して、簿価と時価が明らかに乖離《かいり》している資産についても、現在の市場価格を調査しておくことをお勧めする。**決算書類から算定される会社の価値と実際の会社の価値は、必ずしも一致しない。**その乖離をあらかじめざっくりでも把握しておくほうが、交渉において駆け引きをしやすくなる。

次に、「株主の協調性の有無」だ。「これは自分の会社だ。自分が売却を決めれば、他の株主は従うはずだ」と豪語する社長もいるが、必ずしもそうとは限らない。**M&Aにおける株式譲渡では、基本的に発行済株式のすべてを売却することになる。つまり、すべての株主が同じときに買主に売却するということだ。**

もちろん、買主として「対象会社の人事権を確保するだけの株式を手に入れればいい」という人もいるかもしれないが、個人的には目にしたことはない。見たことも会ったこともない人が少数株主として存在すると、買主としても経営しにくい。しかも、株式を売却してくれないというのであれば、過去に売主と感情的な対立があったことが推測される。

ある会社では、社長ともめて退職した社員が、わずかな株式数を保有していた。この社員とは、長年にわたり音信不通であったが、M＆Aの話を持ちかけたら「絶対に売却しない」ということであった。根底には「自分を排斥した会社に報復したい」という思いがあったのかもしれない。買主としては、面倒な株主に関わりたくないために、「すべての株式が売買対象にならないのであれば、交渉を断念する」ということであった。なんとか説得と価格交渉を続けて、承諾してもらったからよかった。背景には「そんな株式をもらっても困るよ。売れるときに売って」という子どもらの意見があったようだ。これでなんとかM＆Aを成功させることができて安堵した。仮に「絶対に売却しない」となれば、いつまでも事業を引き継ぐことができなかったリスクもある。

「売らない」という事態に陥らないため、売主は、現時点における株主を確定し、できるだけ良好な関係を維持するようにしておかなければならない。なかには、すでに亡くなっている方や認知症で判断能力を失っている人もいるかもしれない。そういう場合には、しかるべき対処をしていかないと、「株式を売る」ことができない。せっかく買主がついても、株主が整理されておらず、対処が必要となると、相当の時間を要することになり、買主のモチベーションを低下させかねない。

なお、株主が誰であるか判然としない場合には、過去の株主総会議事録などを閲覧して、株式譲渡のプロセスを確認していくことになる。オーナー企業の場合、こういった資料が具備されていないことが少なくない。そうなると、株主を特定するだけでも、相当の苦労をすることになる。

　さらに検討を要するのは、経営における個性への依存度だ。売りにくい会社のひとつの特徴は「社長の個性が強すぎる」ことにある。つまり、社長への依存度が高すぎる。

　オーナー企業は、すべてが社長の判断の下で成り立っている。そのため、多かれ少なかれ、社長の個性が経営のすべてに影響を及ぼしている。それはいいことではある。**だが、同時に「会社を売る」という観点からすれば、社長の強すぎる個性が足かせになってしまうことでもある。**優秀でパワーのある社長であるほど、取引先も社員も「その社長」をいつも意識するようになる。

「あの社長のところから購入したい」「この社長の下で働きたい」というのは、経営者冥《みょう》利《り》に尽きるものであろう。ただ、事業を譲渡するためにＭ＆Ａをするわけだ。いつまでも社長として会社に残ることができるわけではない。「あの社長でないなら、別の会社で購入する」あるいは「あの社長がいないなら、退職する」となってしまえば、買主としてＭ＆Ａをした目的を達成できない。

売上30億円を超える企業であれば、自ずと仕組みによる経営ができていることが多い印象を受ける。社長ひとりで対応できる規模ではないからだ。それ以下の規模の場合には、社長の個性だけでなんとかやりくりしているところも多々ある。**将来において会社の売却を検討している場合には、「個性ではなく、仕組みで事業が成り立つ」ように自社を変えていくことを意識していただきたい。**理想は「誰が社長でも、事業が存続するような仕組み」である。「自分がいなくても、大丈夫な会社」ほど、売りやすいということだ。

これは社長にとって、ときに辛い。自分が心血を注いだ会社にとって、自分の存在が足かせになるからだ。だが、愛情はときに冷徹さを伴う。自社を思えばこそ、自分の個性をゆっくり消していく決意も必要になってくる。

ポイント！

- **事業承継におけるM&Aは、売主の人生に買主が寄り添うことである。**
- **買主は、買収後の会社は可能な限り現場に任せることが望ましい。**
- **「売りにくい会社」の条件のひとつに、社長の個性が強すぎる点がある。**

2 M&A成立までの流れを押さえておく

～会社を売れやすくするための布石を打つ～

マッチングでほぼ決まる

ここからは、事業承継を前提にしたM&Aの概略を見ていこう。実際には、様々なことを決めていくことになるが、いきなり些末なことからはじめても、理解しにくい。まずは全体像を把握するために、あえて根幹となる部分のみ指摘していくことにする。より細かい部分については、専門家に確認していただきたい。

事業承継におけるM&Aの成否は「マッチングでほぼ決まる」と言っても、過言ではない。交渉のなかで破綻することもあるが、なにより買主がいなければ、交渉もはじまらない。このとき買主は、一般的に個人ではなく法人である。「売主はオーナー個人、買主はオーナー企業」というパターンが多いであろう。

売主としては「自分が売却を考えている」ことを外部に知られたくない。「売りに出ている」というだけで、風評が広がってしまうのではないかと危惧する。**そのため、売主の最初の壁は、「M＆Aをいったい誰に相談したらいいか、わからない」というものだ。**「銀行に相談すれば、与信に影響する」「知り合いの社長に言えば、驚かれる」など、一方的に不安になって、何も話が進まない。やむを得ず、地元から離れた場所で開催されるM＆Aのセミナーに参加する。買主を個人的に知っていればいいが、なかなかそういうケースもない。「つきあいのある人なら、引き取ってくれる」と期待していても、断られることは少なくない。そのため、M＆Aの仲介業者を利用することが多い。

個人的には、これまで取引のある銀行に相談するのが手堅いと考えている。銀行は、単なる貸付を超えたサービスを模索している。事業承継にしても、積極的に取り組んでいる。「M＆Aを考えている」と相談すれば、きっと親身になって買主や仲介業者を紹介してくれるはずだ。つきあいの長い銀行ほど、社長の性格や事業の内容を把握しているため、売主の意向に合った買主を見つけてくれる可能性が高い。

事業承継を前提にしたM＆Aの難しさのひとつに、「売主の意向が捉えにくい」ことが挙

げられる。「1円でも高く売りたい」というだけであればわかりやすいが、実際には金銭だけではないがゆえに難しい。根底には「この会社から離れたくない」という思いがあるからであろう。あまりにも多くの要望がありすぎて、言葉にならずに「いい人に売りたい」とか「会社の価値をわかってくれる人に売りたい」といった、曖昧な意向しか提示できない場合が多い。これでは誰に売却をアプローチするべきか悩んでしまう。

売主としては、会社を買い取ってほしいと考える社長の要素を書き出してみるといい。書き出してみることで、周囲の人もはじめて売主の思いを共有することができる。

仲介業者は、売却の対象となる会社について、売主からヒアリングをしていく。そのなかでおよその売買価格や売主として譲れない条件を整理していくことになる。「現状の社員の処遇を可能な限り維持してほしい」というのは、売主からよく出てくる条件のひとつだ。そのうえで会社名を伏して、購入希望者を探索していくことになる。

興味を抱いた者がいれば、売主の同意の下で対象会社に関する情報を提供する。購入を検討する者は、提示された情報を基にして、正式に購入の申し込みをするかを検討していく。この時点でおよその売買価格についてもイメージができあがっていく。そのうえでさらに協議が進むようであれば、トップ面談の実施となる。トップ面談までに条件の大枠が決まっていることが多い。**最終的に売主が「この社長に任せるべきか」を判断する機会がトップ面談のようなものだ。いわば売主による購入希望者の面接とイメージしてほしい。**

このトップ面談ですべてが決まるので、関係者としても緊張が走るときだ。買主が「自分が買ってやる」という上から目線で対応すると、たいてい機嫌を損ねて破談になる。とかく買主は、勢いのある会社が多い。そのため、無意識のうちに強圧的な態度になってしまうことがある。**仮に対象会社の事業規模が小さくても、「売っていただく」という姿勢で臨むことが、円満なM＆Aを実現するうえでポイントになる。**

あるメーカーの買収案件では、ぎりぎりの交渉が続いており、どうしても妥結できない点があった。売主の思い入れが強すぎて、「あと少し譲歩してくれれば」というところで話が止まっていた。暗礁に乗り上げていると判断した買主から、トップ面談の要請があった。こだわりの強い売主だったので、トップ会談をしたらかえって破綻する可能性もあったが、買主の強い希望から実施した。売主としても「とりあえず会ってみよう」ということになった。

周囲が緊張するなか、買主側の対応は見事だった。あえてM&Aの価格などの話はせず、売主の創業の経緯や苦労話、社員への思いといったものをひたすらじっと聞いていた。他人の話をひたすら聞くというのは、負担のかかるものだ。ともに食事をして、いい雰囲気で中締めとなり、周囲もひと安心。そのときに売主から「この人に売ることにした。手続を進めろ」ということになった。周囲は事態の急変に驚くとともに、一気に手続を進めてM&Aを完了させた。**「聞く」ということの凄さを改めて感じた事案だった。**

ここで、M&Aに関与する立場の者を整理しておこう。まず一般的には「仲介業者」というものが、両当事者のやりとりをコーディネートすることになる。マッチング先を見つけて契約締結に向けた準備をしていくことになる。

仲介業者は、中立性を基本的なスタンスにする。そのため、買主と売主の一方に有利に動くということはできない。仲介業者との報酬は、契約内容で異なるが「売買価格の何%」という内容で取り決めることが多いだろう。**ときにM&A成立後に、報酬のことで仲介業者とトラブルになることがある。**事前に報酬の算定方法と担当する業務の内容をよく確認しておくべきだ。

買主は、たいてい自己資金で買収をせずに、銀行からの借入でまかなうことになる。売主側の銀行としても、売主であるオーナーを連帯保証人から外してもらう必要があるため、協議を要する。その他には、当事者双方が独自に弁護士、公認会計士あるいはコンサルティング会社といったアドバイザーを用意する。

M＆Aはどうしても専門的な知見と経験を要するものだ。**社長は、事業の見極めは可能であっても、法的リスクや財務的リスクまで押さえるのは至難の業だ。**しかも仲介業者は、中立な立場であるため、一方の当事者のためだけに意見をすることは基本的にできない。そのため、M＆Aの経験のある弁護士など、独自の相談先を確保しておくことがリスクヘッジになる。

売買価格を決めていく

M＆Aの交渉において、売買価格は、唯一の決定要素ではないものの、やはり重要な要素であることに変わりはない。売主にとっては、自分の一部である会社を手放すわけであるから、買い叩かれたくはない。売買価格は、現実的にもオーナー夫婦にとって老後の生活資金にもなる。逆に買主からすれば、できるだけ安く買いたい。事業を引き継いでもうまくいくとは限らないため、初期のコストはできるだけ抑えたいところだ。しかも、買収に要する資金は、銀行からの借入で対応することが多い。返済利息など調達コストを考慮すれば、準備するべきキャッシュをできるだけ少なくしたい。こういった両者の思いを調整しながら具体的な金額が決まっていく。

ただ、実際に事業承継に関わっていると、売買価格が直接のきっかけとなって交渉が途中でブレイクしたというケースはあまりない。そもそも交渉のスタート地点で、およその価格について覚悟できている。しかも、買主も同じ社長として会社を手放す者の気持ちに共感するところがあるのだろう。**価格について交渉を要しても、「最終的には買主が譲歩することで決着した」というケースが個人的には多い。**買主としては、価格にこだわりすぎて、これから引き継ぎなど協力してもらう売主の機嫌を損ねるのは避けたい。これを前提に一般的な価格の決定方法について整理しておこう。

自社株譲渡とは、法的にみれば自社株を売買することだ。売買における価格は、当事者双方の合意によって決定される。M&Aにおいても、当事者が合意した金額が「相当な価格」となる。売主が価格にこだわるほど、買主を見つけることが難しくなる。さりとて物事には「相場」というものがある。何もたたき台のないところから交渉を始めると、きりがない。

仲介業者としては、まずは売主の希望する価格をヒアリングする。このとき、売主からは事業の実態から乖離した高額な金額を提示されるときがある。仲介業者としては、およその相場観を前提に、売主の機嫌を損ねないよう言葉を選びつつ、提示額が現実的なものになるよう、アドバイスすることになる。

具体的な企業価値の算定は、様々な考え方があるため、一概に説明をすることはできない。「M＆Aのケースごとに決まっていく」ことが実情なので、正確な数字を知りたければ、専門家に個別に意見を聞いていただきたい。**あくまで個人的な経験ではあるが、「会社の資産＋営業利益2～3年分」というくらいで妥結することが多い。**これはあくまで私個人の体験に基づくものであって、具体的な根拠があるものではないので注意していただきたい。およその目安としてお伝えするものだ。

ここでいう「会社の資産」とは、簿価そのものではなく、適正な時価として評価し直したものである。オーナー企業では、貸借対照表には計上されているものの、実際には資産価値を失っているものも少なくない。たとえば、市場価格の下落した不動産や回収見込みのない売掛金といったものだ。このように資産を見直して会社の本来の価値を算定していくことになる。

「自分の想像していた金額よりも低すぎる」という印象を受けるのは、売主として「簿価＝現実の資産価値」という誤解を抱いているからだ。誰にしても、自分の育て上げた会社であるから、「高く評価してほしい」と願う。**だが、「主観的な評価と客観的な評価は違う」ということを現実として受け入れなければならない。**あくまで主題は「事業を存続させて社員の生活を守ることだ」ということを忘れてはならない。

およその買収価格が決まると、「いかにして支払うか」を検討していくことになる。**M&Aでは、買収価格と同じくらい支払方法が重要になってくる。**むしろ専門家として知恵を絞るのは、総額よりも支払方法と言えるかもしれない。

事業承継におけるM&Aでは、買収価格の全額を自社株売買の対価として支払うことはあまりない。たとえば、総額7000万円とした場合には、対象会社からの役員退職金として2000万円、自社株売買の対価として5000万円といったような振り分けをすることになる。**売主としては、つまるところ手元に残る金額が多ければいいのであって、いかなる名目であるかについて、こだわりは通常ない。**

役員退職金は節税効果も高いので、M&Aの決済の場合にでも利用されることが多い。M&Aでは、実行と同時に売主が対象会社の代表取締役を退任する。その場合に役員退職金を対象会社から支払うことになる。対象会社からキャッシュが出ていくので、自ずと自社株の評価は下がり、自社株売買の代金も下げることができる。買主としても、用意するべきキャッシュが少なくなるため、資金調達コストを削減させることができる。**買収価格の一部を役員退職金で支給することは、双方にとってメリットがあるため、利用されることが多い。**

買収価格をどのような方法で支払うかは、節税効果も含めて総合的に考慮していくことになる。ここがやはり専門家としての知見が求められるところである。社長に理解していただきたいのは、Ｍ＆Ａといっても、すべてが自社株の対価として処理されるわけではないということだ。もう少し細かい事例も挙げておこう。

総額1億円での買収で大枠が決まったとしよう。このうち、対象会社の売主である役員からの借入金として１０００万円があったので、まずは対象会社として１０００万円を返済することにした。これによって、売買価格1億円の枠から１０００万円が控除される。次に、引き継ぎの意味もあって、売主に相談役として2年間は残ってもらうことになった。その報酬にあたる月額20万円×24カ月＝４８０万円が控除される。さらに、代表取締役を離れたことによる役員退職金として、４０００万円が計上されたとする。このときには、自社株の対価として1億円－（１０００万円＋４８０万円＋４０００万円）＝４５２０万円を検討していくことになる。

これはあくまでモデルケースであって、実際には緻密な計算を要する。とくに自社株の価格があまりに時価よりも乖離していたら問題になるため、必ず専門家の意見を聞きながら設定していくことになる。

いずれにしても、「どうやって支払うか」によって、売主の手元に残るキャッシュに違いが出てくる。「株を売却すればいい」という単純なものではない。

最終的な決済に向けて

売買価格をはじめとした条件が決まれば、「基本合意」というものを締結する。そのうえで買主から対象会社に対して、最終的な調査がなされる。事前に開示がなされた情報に偽りがないかなどを調べていくことになる。いわゆる「デューデリジェンス」と呼ばれるものだ。

このときには、買主にて選任した弁護士や公認会計士が調査に協力していくことになる。調査の対象になるのは、事業・法務・財務といったものに大別される。財務的なものとしては、決算書の信憑性や簿外債務の存在などを調べていくことになる。こういった財務的な調査は、一般の方でもなんとなくイメージできるだろう。ここでは法的調査について、個人的な経験を述べておこう。

オーナー企業のM&Aにおいて、完璧なものはまずない。株主総会議事録がないなど、なにがしかの不備があるのが一般的だ。これまでの経験からしても、何ら不備のない会社というものを目にしたことはない。**現実的にはなにがしかの不備があることを当事者同士で納得したうえで実行している。仮に「完璧な会社」というものがあれば、かえって不自然で警戒すべきだ。人間と同じだ。**そのため、M&Aの成否は、買主としてどこまでリスクを引き受けることができるかによって決まる。

デューデリジェンスは、こういった「買主の引き受けるリスクを可能な範囲で顕在化していくプロセス」として認識すれば、わかりやすいだろう。**リスクには、リスクとして認知されているものと認知すらされていないものもある。**とくに数字に表現されないものは、リスクとして認識されないまま話が進んでしまい、現実化したときに大変なことになる。

その典型的なものが、労働事件に関するものだ。数字としての資料は、労働者の人数、あるいは人件費といったものしかない。仮に問題社員がいたとしても、数字には出てこないうえに、売主から「こういった問題社員がいます」と自発的に説明がなされることもない。未払残業代にしても同じだ。

ある製造業の事案で、買主側の依頼で給与台帳を眺めていた。すると大半の社員の給与がまったく同じであった。あきらかに残業代を支払っていなかった。これについて説明を求めると、不満そうな声で「今まで社員から求められたこともない。これからも大丈夫」という回答がなされた。試算するだけで相当の未払があることが懸念された。「これはあまりにもリスクが高すぎる」ということでM&Aを中止することにした。

安易に「大丈夫」と語る人ほど、不安な人はいない。中小企業は、社長と社員の個人的なつながりが強い。だからこそ、オーナーが変化したことによって意見の対立が生じて、労働事件に展開することがある。「これまで大丈夫だから将来においても大丈夫」ということはない。

たとえば、M&A前の長時間労働がきっかけで、労災事故による脳梗塞が発症したとしよう。仮に対象会社に労務管理における過失があれば、会社として損害賠償責任を負担することがある。実質的には買主が負担することになる。買主としては「M&A前の長時間労働が原因だから、会社ではなく売主が賠償をするべきだ」と考えるかもしれないが、当然に採用される主張ではない。**M&Aには、こういった「見えないリスクを引き受ける」という側面がある。そのため、契約の中では、契約締結前の事情で損害が発生した場合を**

想定して、売主が責任の一部を負担するような条項を入れることもある。

その他にも課題になりやすいのが、不動産の賃貸関係である。事業のために売主個人が第三者から不動産を賃借していることがある。こういう場合には、第三者と買主において改めて賃貸借契約をし直すことがあるが、賃料や原状回復の範囲で交渉がうまくいかないことがある。なかには個人的な信頼だけで賃貸借しており、契約書すら存在しない場合もある。M＆Aのために賃貸借契約書を作成しようとすると、条件において意見の相違が出てしまい、難航することもある。不動産の賃貸については、とくに契約が終了した際の取り扱いが難しい。建物を撤去して敷地を元に戻して返還するとなれば、多額の処分費用がかかってしまいかねない。さりとて土地を貸している側からすれば、更地にしてもらわなければ、他の者に貸すことの障害になってしまう。

このような場合においては、M＆Aにおける買収価格算出において、将来の不動産リスクを反映させて当事者間のバランスをとることもある。不動産賃貸は、本当に頭を抱えることが多い。M＆Aを将来において検討している人は、早い段階から賃貸借関係を見直しておいたほうがいい。

一連のデューデリジェンスを経たうえで、最終的な価格や契約の内容を確定することになる。そのなかでは、売主として仮に何らかのトラブルが発生した場合に、「どの範囲まで責任を負担するか」についても明らかにしていくことになる。たとえば、係属中の裁判があれば、その結果によって売主が一定の金額を買主に負担する取り決めをすることもある。もっとも売主としては、将来発生するかもしれないリスクについて発生した損害のすべての責任を負担しなければならないとなれば、M&Aをした意味がない。そのため、M&Aにおける対価を損害賠償の上限として定めることが多い。**あらかじめ損害として負担する上限を取り決めて、両当事者のバランスを確保するということだ。**このようにして、最終的な契約書を作成して決済ということになる。

クライアントの社長からよく寄せられる相談のひとつとして、社員への情報開示の時期がある。これまで汗水をともに流してきた社員に、まるで自分だけが売り抜けるような印象を与えてしまいかねないため、社長としても悩むところだ。

個人的な経験からすれば、実際に決済が終わるまで社員に内密にしている人が大半だ。すべての手続が終了した段階で、新たなオーナーとともに社員に事情を説明することになる。社員にはもちろん動揺が生じることもあるが、仕方がないことである。

早い段階で社員に話をしてしまうと、社員が動揺して退職してしまうことがある。そうでなくとも、事実に反した風評が広がってしまう可能性がある。**M＆Aは、社長がひとり、あるいは右腕と呼べる社員とだけ進めたほうがいい。**社員の意見を広く聞くのは大事なことではあるが、聞くほどに愛着が出てきてしまい、売却に消極的になってしまう。辛い決断だからこそ、ひとりでしないといけない。なぜなら、それが社長だからだ。

ポイント！

- **事業承継におけるM＆Aの成否は、マッチングでほぼ決まる。**
- **売買価格は、最終的に買主が譲歩して決着することが多い。**
- **M＆Aは代金の決済が完了するまでは、社員に内密にするのが望ましい。**

3

M&A成立までのポイントを理解する

~成否を決めるのは売買価格ではない~

撤退ラインを確定させる

M&Aは、後継者がいないなかで事業を存続させるための有効な手法だ。おそらく、これからも活況を帯びてくるだろう。オーナー企業が規模を拡大させ、競争力を持つためにも、M&Aは必要不可欠と考えている。

もっとも、M&Aは会社のあり方を大きく変えるものである。**周囲の人に与える影響も多く、売主と買主だけの話で終わるものではない。**しかも、いったんM&Aで決済まで進んでしまうと、「なかったことに」ということはできない。だからこそ、交渉は慎重に進めていかなければならない。

さりとて、中小企業においては、なにがしかの不備や課題があるのが通常だ。完璧なＭ＆Ａを求めていたら、いつまでも実現することができないため、リスクをとることへの大胆な決断も求められる。**繊細かつ大胆な判断を求められるのが、Ｍ＆Ａの難しさの本質である。**ここでは、当事者が陥りやすい罠《わな》をいくつか紹介していこう。

「あの社長は後継者がいないから、会社を売って儲けたらしい。うらやましい」と言う人がいたら、おそらく社長業を本気でしたことがない人だ。社長の中には、会社を投機対象として捉えて積極的に売買する人もいるが、それは少数だ。圧倒的多数の社長にとって、「自社を売る」のは、あまりにも辛い決断である。

あるサービス業の社長から「とにかく来てほしい」と呼ばれたことがある。一代で立派な会社を作りあげ、地域貢献にも積極的な、いわば名士の社長であった。ただ、後継者がおらず、周囲からも先行きについて不安の声が聞こえていた。

開口一番、「会社を売ることにした」と言われて、驚いた。驚くと同時に「よかったですね」と口に出してしまった。そのときのなんとも言えない社長の顔が忘れられない。自分でも「しまった」と感じた。それから社長は、Ｍ＆Ａのことは何も触れずに、創業から現在に至るまでのことをひたすら話していた。創業当時はカネもなく、ひたすら働いたこと。

妻には迷惑をかけてしまったこと。社員に恵まれたこと、など。それはまさに自分の人生を総括するようなものであった。１時間くらい演説をした後に「寂しいものだな」とコーヒーを飲みながらポツリと話された。社長人生のすべてが集約されたような一言はあまりにも重く感じられた。自分の人生をひたすら語ったのは、自分の決断について自分自身をなんとか納得させるためのものであったのだろう。

このときの経験があって、私自身のなかでＭ＆Ａの捉え方が変化した。**難しい手法をいろいろ提案することよりも、「社長に寄り添うことこそ、大事である」と考えるようになった。**売主は、ときに家族あるいは社員との関係で、自分を責めることがある。「会社を手放すことになり、先祖に申し訳ない」「Ｍ＆Ａで社員の信用を裏切ることになるのではないか」など、悩みはじめたら終わりがない。家族や社員のことを思うほど、社長としての判断がぶれてしまう。それでも「自社の将来のため」と自分に言い聞かせながら、Ｍ＆Ａの交渉は展開していくことになる。

こういった売主の決断は、ときに買主の不誠実な態度で傷つくことがある。交渉の途中において、買主の対応からして「これはまずい」と感じるときがある。たとえば、買収の意思を示しつつも、実務的な条件について思い悩む売主に対して、一方的に条件を突きつけたり、担当者に任せて買主のトップが交渉に出てこないなどである。**社長の直感というものは、これまでの経験から導きだされたものであって、尊重するべきものだ。売主として危険性を感じたら、交渉を中止することも躊躇なく決定するべきだ。**

いったん契約が成立してしまうと、事後的に修正することは基本的にできない。危険であれば中止することなど、あたりまえのように聞こえるかもしれないが、交渉の撤退を言い出せず、泥沼にはまってしまう売主もいる。これまでの交渉に要した費用や時間といった埋没コストを考えてしまい、冷静な判断ができなくなってしまう。しかも「この機会を失ったら、自社を売ることができないかもしれない」という不安も追い打ちをかけてくる。

良心的な仲介業者であれば、売主の意向を汲《く》み取って、交渉の終了についてもアドバイスをする。だが、なかには成功報酬のため、売主の消極的な態度について見て見ぬふりをして、契約成立に向けて無理に話を進める業者もいると聞いたことがある。**自分のつくり上げた会社の行く末に後悔があってはならない。**

そのためにも、売主は、交渉をはじめる段階で「撤退ライン」というものを自分のなかで明確にしておくべきだ。何をもって自分のなかでの撤退ラインにするかは、極端に言えばなんでもいい。売買価格でも買主の態度でも。大事なことは「後戻りできる自分」をいつも横に置いておくということだ。そうしないと契約成立ありきの交渉になってしまい、買主が有利な立場に置かれてしまう。心理的な罠は、必ずしも他人が用意するものばかりではない。ときにこだわりが自分自身に罠を用意してしまうものだ。

企業文化をなじませる

M&Aは、売主と買主だけの問題で終わるものではない。社員にとっても、自分の人生に直結する問題だ。新たなオーナーと馬が合わずに退職していくという社員はやはり出てきてしまう。その他にも、取引先にしてもいきなり社長が変われば、取引を停止するかもしれない。買主にとっては、それではM&Aをした意味がない。だからこそ「事業を引き継ぐ」というプロセスが重要になってくる。**M&Aは「決済が終わってからこそがはじまり」と言っても過言ではない。契約締結後の対処方法が全体のパフォーマンスを決めていくことになる。**

買主としては、スピード感をもって事業効率を上げていきたいために、対象会社をいきなり変革しようとしがちだ。ただ、企業の文化とは短期間で変わるようなものではない。しかも外部からやってきた者から指示されれば、それは命令に聞こえて反発も受けやすい。買主は「効率を上げることこそが、社員のためにもなる」と考えがちだ。だが、買主の思いが社員にそのまま伝わるとは限らない。むしろ、M＆A直後では、社員との信頼関係も構築できていないため、事実が歪曲されて伝わる可能性がある。債務超過で事業再生を要するような特殊な場合でない限り、M＆A終了後の改革は拙速に取り組まないほうがいい。

まずは、従前のシステムを踏襲して「新しいオーナーの下でも働くことができる」という安心感を社員に持ってもらえることに集中するべきであろう。社員からの求心力がない限り、改革を述べても独り言で終わってしまう。買収後に社員すべてと面談をするケースも多い。こういった面談で、いきなり社員の本音が出てくることはまずない。社員としては、変化に対する警戒心がある。それでも個別面接をするのは、新しいオーナーが決して対立する立場ではないことを態度で示すためだ。「あなたの意見を聞く姿勢がある」ということを行動で表現するということだ。

このように企業文化をなじませていくためには、やはり売主のチカラがどうしても必要になってくる。**社員や取引先の目線は、いくら買収が終了したからといっても、実績のある先代オーナーに向けられる。**そのため、M＆Aの契約においては、買収後においても売主が相談役あるいは顧問といった立場で、対象会社にしばらく関与し続けることを取り決めることも多い。売主としても、「会社を売ったから、あとはよろしく」という気持ちにもなれないだろう。間接的に対象会社に関わりながら、取引先への挨拶への同行といった事業の引き継ぎを実施していくことになる。

あるいは事業のなかには、一定のライセンスなどが求められるものがある。ライセンスを売主しか持っていないとなると、買主としても事業ができない。そのため、買主の手配した社員がライセンスを取得するまで、売主に会社に残ってもらうこともある。

このように、事業承継におけるM&Aにおいては、ある期間に売主と買主の双方が対象会社の経営に関与することになる。**両者の関係が良好であればいいのだが、人間であるため、必ずしもうまくいくとは限らない。**

ある製造業の会社では、先代が高齢であるため、M&Aを実行した。先代としては、自分の技術を承継するため、会社にしばらく残ることになった。「自分の技術を伝えることができる」というのは、先代としての喜びでもあった。問題は買主の対応だった。多忙を理由に、いつまでも技術を引き受ける人員を用意することができなかった。結果として、先代はこれまでと同じように出社して、同じように現場で采配を振らざるを得ないことになった。いくら待っても、自分の技術を伝える相手がやってこない。利益だけは買主が取っていく。しびれを切らした先代は「このＭ＆Ａはなかったことにする。株式を返せ」と言い始めるようになってしまった。あわてた買主は、平謝りのうえに、早急に社員を用意して、事なきを得た。すでに契約は成立しており、法的には当然に売主が解除できるようなものではないが、売主としての気持ちは十分にわかった。

この事案は、買主に問題があったものであるが、逆に売主に問題がある場合もある。

あるサービス会社では、先代が数年にわたり、相談役として会社の経営に関わることになった。買主としては、事業経営について困ったことがあった場合に、相談に乗ってくればいいという程度の感覚だった。だが、実際には売主がまるで社長であり続けるかのように経営に関与してきた。買主は、最初の頃は「まだ会社に愛着があるのだろう。しばらくは様子を見よう」というスタンスだったが、売主の姿勢が一向に変わらないことに不満を募らせるようになってきた。人生の先輩でもあったために、言いにくいところもあったが、さすがに耐えられなかったようだ。契約で決められた期間前であったが、「相当の金額を支払うので、身を引いてほしい」と告げた。売主としては、買主のために「良かれ」と思っての行動だったのかもしれないが、結果として買主からの反発を招いてしまうことになった。

時間をかけて企業文化をなじませていくなかで、次第に浮き彫りになる課題がグループ会社における賃金の相違である。M&Aの場合には、基本的に従前の賃金体系が維持される。いきなりM&Aを契機に賃金に触れると、社員の反発を受けやすい。賃金体系が維持されると、対象会社と買主において賃金体系が異なるものになる。会社ごとに賃金体系が異なることに法的な問題はないが、社員の心情として納得がいかないところがある。「同じグループなのに、自社だけ賃金が安いのではないか。やはり売却された会社の社員ということで、不利に扱われているのではないか」という懸念が生まれてくる。

いくら社長が他社の賃金体系が知られないように配慮しても、社員の耳には自然と届くから不思議なものだ。**いくつかの会社を持っているオーナーは、どこかの段階でグループ全体の賃金体系を整理していかざるを得ない状況になる。**賃金体系に触れると、労働問題を誘発しやすいため、必ず弁護士あるいは社会保険労務士のアドバイスを受けながら進めるべきだ。

M&Aは、とかく数字や契約書といった文脈のなかで語られることが多い。だが、根底にあるのは、やはり「人」だ。人に何かを伝えるというのは、相手がたったひとりでも簡単なものではない。まして関係者が複数いれば、自ずとコミュニケーション不足から誤解を生みだしてしまう。「物事は伝わりにくいもの」という前提に立って、目の前の人に接することがトラブルを回避する、もっとも有効な心がけと言えるだろう。

先代は後継者のなかに

本書の最後に、個人的に学んだ事業承継において、もっとも重要なことをお伝えしておこう。私たちはとかく、事業承継においてカタチある資産をいかにして効率的に譲渡し、事業を存続させるかについて、意識を向けてしまいがちだ。

だが、カタチあるものは、いつか滅んでいく運命のなかにある。栄華を極めた者もいつか滅び去っていくことは、歴史の証明するところだ。これは事業にしても同じ。それにもかかわらず、私たちはこの「事業を存続させたい」という強い動機に突き動かされる。それは社長の宿命なのかもしれない。運命と宿命が対峙《たいじ》するとき、人は何を自らの指針にするのであろうか。

ある社長が病気で突然亡くなり、長男があとを引き継いだ。長男は、冷静沈着な性格で優秀な大学を卒業後に大手企業に就職していた。まったく畑違いのところから実家に戻って、いきなり社長となったわけだ。昼夜を問わず働き続けていた。正直なところ、生前の親子関係は断絶に近かったので、長男が事業を引き継いだのは意外だった。なぜ断絶したのかは誰にもわからなかった。しばらく経って、社内も落ち着いた頃に長男と食事をしたことがある。そのときの何気ない話を今でも覚えている。

先代は、いわゆる太鼓持ちのタイプで、周囲に無闇に愛敬を振りまいていたそうだ。取引先とのトラブルには、理由もなくひたすら頭を下げる。毎日のように会合と称して飲み歩き、家族との食事もろくにとったこともない。せっかくの家族旅行も、仕事のトラブルがあれば、家族の希望もお構いなしにキャンセル。それなのに、たまに時間があると家族に自分の人生観を熱く語りたがる。そういった先代の姿は、長男にはあまりにも頼りなく映っていたそうだ。結果として彼は、「絶対に家業を継がない」と決心して家を出ていってしまった。

彼は、先代が無闇に頭を下げるのも、話が長いだけで内容がないことも、すべて知性がないからだと考えて学び続けた。彼にとっては、先代を否定することが自分の生き方を見つけ出すことだった。それが、先代の突然の死を通じて、不本意ながら社長に就いたことで、ありし日の先代の見え方が違ってきた。

先代は、長男に「家業を継げ」と一度も言わなかったそうだ。おそらく本音では「事業を承継してほしい」と考えていたはずだ。それでも、長男の自分への評価をなんとなく感づいていたからこそ、何も言わなかったのだろう。「自分の好きなことをやれ」とだけ言っていたそうだ。先代なりの精一杯の愛情だったのかもしれない。長男は、自分が社長の椅子に座って、社長の重責をはじめて身に染みて、感じたそうだ。大企業で勤務していたときには感じたことのない「すべてを背負う」という感覚だ。なぜ、先代は不条理なことにすら頭を下げていたのか。先代は、きっと頭を下げながら足下ではなく、家族と社員を見ていた。それがやっと肌感覚でわかるようになったそうだ。

先代の古い手帳をめくると、びっしりと走り書きがあった。社長として日々奔走していた姿が脳裏に浮かび上がる。その手帳には「長男、運動会。絶対！」といった家族のイベントも走り書きがなされていた。手書きのノート、色あせた写真、あるいはあちこちに線の引かれたビジネス書を眺めていると、先代がいかに社長として、親として、一生懸命だったのかを少しだけ理解できたそうだ。同時に、「もっと先代に寄り添えば良かった」とも語っていた。

思わず「なぜ社長に就こうと思ったの」と聞いてみた。「わからない。なんとなく使命感みたいなものかな。あれほど継がないと考えていたのに」という答えだった。先代は、その背中で確実に何かを伝えていた。静かに横で聞きながら、ひとりの社長が生まれた瞬間を目にするようであった。

社長が時代を超えて後世に伝えるべきは、やはり自身の生き方そのものだ。後継者は常に悩みの渦の中にいる。「いかにして現状を打破しようか」ともがくほど深みにはまっていく。そのとき支えになるのが、同じく窮地を乗り越えてきた先代の存在だ。苦しいときほど、「先代であればどうするか」と真剣に考えるものだ。自分のなかの先代と語ることで、自分の置かれた状況を冷静に捉え、現状を打破する一手を打つことができる。**後継者は、先代との声なき対話を通じて自分を知る。**

その意味では、先代とは過去の人ではなく、後継者のなかに生き続ける存在だ。世の中には、様々な社長がいる。すべて自分で決めたがる人、早口で何を言っているのかわからない人、とにかく気が短い人など。**それでも社長にはひとつの共通する魅力がある。それは経営に対して真摯なところだ。**「なんとかして自社を繁栄させて、家族と社員を幸せにしたい」「事業を通じて社会に貢献したい」といったように、自分ではない誰かのために身を粉にすることができる希有《けう》な存在だ。

私は、そのあふれる情熱を事業の推進力に変えていくのが、「社長法務」を掲げる自分の役割だと考えている。「経営に対する情熱」こそ、承継すべき最大の財産である。

ポイント！

・売主はM＆Aの交渉開始時点で「撤退ライン」を明確にしておくべきである。
・M＆A成立後は時間をかけて企業文化をなじませる。とくに賃金制度に気をつける。
・「経営に対する情熱」こそ、承継すべき最大の財産である。

おわりに

事業承継は、経営者のロマンをかたちにした、一本の映画のようなものだ。本書では、そういった映画をつくり上げるためのシナリオの書き方を提案させていただいた。

いま映画の幕が開き、あなた、家族、そして社員は、静かに映画館の椅子に座り、あなたの経営者人生を振り返る。何を描き、何を伝えるかは、あなた次第だ。事業承継を契機に、ぜひ自分の経営者人生を振り返っていただきたい。

人生は順風満帆ではない。思い出されるのは、資金繰り、取引先や社員との関係で苦労した話ばかりであろう。その苦難の道を今度は後継者がひとりで歩み出していく。孤独な後継者を支えるのは、歯を食いしばりながらも歩み続けた、あなたの生き方に他ならない。

何かを伝えるということは、言葉で表現するほど簡単ではない。日々の業務に忙殺される経営者は「あれもこれも伝えたい」と考えるが、伝え方がわからず、後継者との間に軋轢を生み出すことがある。近すぎるがゆえに伝わりにくいこともある。将来における繁栄の機会を、わずかなボタンの掛け違いで失ってしまうことは、あまりにも辛い。

これは後継者も然りだ。事業承継のノウハウは数多《あまた》あれど、原点は先代から後継者に向けた慈愛の眼差しと後継者から先代に向けた尊敬の念であってほしい。すでにもつれた糸があるかもしれない。だが、いかなるもつれも、時間をかければきっとほどくことができる。なぜなら「会社をよくしたい」というロマンは、先代も後継者も同じだからだ。

経営から身を引くことは、将来のために必要だとわかっていても、どこかに一抹《いちまつ》の寂しさを感じさせる。否が応でも周囲に過ぎ去る時間を意識させる。だが、私たちは〝去り際の美学〟というものを持っている。満開の桜よりも、音もなく風に舞う桜の花びらにこそ心奪われて涙する。「もののあはれ」という感性は、何かをあきらめ悲しむことではない。変化を受け入れ、かつ新たな一手を見いだしていく力強さである。あなたが成し遂げた功績は、いつか忘れ去られてしまうかもしれない。だが、あなたが捧げた経営への情熱は、散り終わった桜の残香《ざんこう》のように、永遠に会社の中に残り続けるはずだ。映画のクライマックスをいかに演出するかは、あなた次第だ。会社の将来は、あなたの手にかかっている。

本書の制作において、プレジデント社の桂木栄一様、田所陽一様をはじめ、事務所スタッフなど、多くの方々に支援していただいた。改めて御礼申し上げる次第である。

島田直行

〔著者紹介〕
島田直行（しまだ・なおゆき）
島田法律事務所代表弁護士
山口県下関市生まれ。京都大学法学部卒。山口県弁護士会所属。
「中小企業の社長を360度サポートする」をテーマに、社長にフォーカスした“社長法務”を提唱する異色の弁護士。会社の問題と社長個人の問題をトータルに扱い、弁護士の枠にとらわれることなく、全体としてバランスのとれた解決策を提示することを旨とする。基本姿勢は「訴訟に頼らないソフトな解決」であり、交渉によるスピード解決を目指す。顧問先は、サービス業から医療法人に至るまで幅広い業界・業種に対応している。
労働問題、クレーム対応、事業承継（相続を含む）をメインに、社長に対するサービスを提供。クライアントからは「社長の孤独な悩みをわかってくれる弁護士」として絶大な信頼を得ている。
著書に『社長、辞めた社員から内容証明が届いています』『社長、クレーマーから「誠意を見せろ」と電話がきています』（すべてプレジデント社）がある。「プレジデントオンライン」「日経ビジネスオンライン」での連載も好評。

島田法律事務所
https://www.shimada-law.com/

社長、その事業承継のプランでは、会社がつぶれます
「条文ゼロ」でわかる代替わりと相続

2021年4月26日　第1刷発行

著　者　島田直行
発行者　長坂嘉昭
発行所　株式会社プレジデント社
〒102-8641 東京都千代田区平河町2-16-1
平河町森タワー13階
https://www.president.co.jp/
https://presidentstore.jp/
電話：編集 (03)3237-3732
販売 (03)3237-3731

装　丁　竹内雄二
本文デザイン& DTP　ビジネスリンク
編　集　桂木栄一　田所陽一
制　作　関 結香
販　売　高橋 徹　川井田美景　森田 巌　末吉秀樹
印刷・製本　凸版印刷株式会社

ISBN978-4-8334-2411-0
Printed in Japan
落丁・乱丁本はおとりかえいたします。